深圳职业技术学院著作出版基金资助出版

基于投资者情绪的资产定价研究

张壬癸 著

中国财经出版传媒集团
中国财政经济出版社

图书在版编目（CIP）数据

基于投资者情绪的资产定价研究/张壬癸著．—北京：中国财政经济出版社，2018.12

深圳职业技术学院学术著作出版基金资助出版
ISBN 978-7-5095-8647-1

Ⅰ．①基… Ⅱ．①张… Ⅲ．①投资者-情绪-研究 ②资产评估-研究 Ⅳ．①F830.59 ②F20

中国版本图书馆 CIP 数据核字（2018）第 263412 号

责任编辑：胡 博 庄 莉　　　责任校对：黄亚青
封面设计：孙俪铭

深圳职业技术学院学术著作出版基金资助出版

中国财政经济出版社 出版

URL: http://ckfz.cfeph.cn

E-mail: ckfz@cfeph.cn

（版权所有　翻印必究）

社址：北京市海淀区阜成路甲 28 号　邮政编码：100142

营销中心电话：88190406

天猫网店：中国财政经济出版社旗舰店

网址：https://zgczjjcbs.tmall.com

北京财经印刷厂印刷

787×1092 毫米　16 开　11.75 印张　185 000 字

2018 年 12 月第 1 版　2018 年 12 月北京第 1 次印刷

定价：55.00 元

ISBN 978-7-5095-8647-1

（图书出现印装问题，本社负责调换）

本社质量投诉电话：010-88190744

打击盗版举报热线：010-88191661　QQ：2242791300

前 言

传统金融理论认为由于套利者的行为能够消除非理性行为的影响，使得价格趋向基础价值，从而非理性行为对资产价格没有作用。然而对于20世纪70年代以来金融市场出现的诸多异象以及投资者的异常行为，传统金融理论难以给出令人满意的解释。

近期越来越多的理论模型、实证研究和实验研究都说明了非理性行为对资产价格有重要影响。早期，由于提倡有限理性的经济学家西蒙在决策理论研究方面的突出贡献，他被授予1978年度诺贝尔经济学奖。随后诺贝尔经济学奖先后三次授予行为经济学和行为金融学领军人物，分别是2017年美国经济学家理查德·塞勒、2013年行为金融学领军人物罗伯特·席勒和2002年著名行为经济学家卡内曼。他们的研究成果都表明，以理性投资者为主体的传统理论框架不足以解释现代金融异象。主流经济学对行为金融领域的肯定，更促进了行为金融学科的发展。因此在资产定价模型中考察有限理性和投资者情绪对资产价格的影响，有助于投资者理解资产价格的行为。

本书首先通过实证研究验证市场情绪和个股情绪对股票收益的影响，其次利用基于消费的资产定价模型和数值模拟研究投资者情绪对资产价格的影响机理，并对价格偏离基础价值、价格泡沫和长期生存性等多种市场异象给出一部分解释，最后研究有限理性框架下，投资者情绪对股价的影响，以及投资者情绪对股市危机的预测能力。主要内容包括如下七个方面：

第一，根据B-W方法，构建了不同频率的市场情绪指标，并考察了市场情绪与股票收益的联动性。首先，选取新增基金开户数、新增股票开户数和上证成交量等六个情绪表征变量，运用主成分分析方法构建了市场情绪指标。其次，运用OLS模型和面板数据模型，从总体效应和个体效应两个方面考察市场情绪与股票收益之间的关系。实证结果表明,市场情绪的总体效应和个体效应都是统计上显著的。更重要的是,通过比较不同频率市场情绪的影响力,研究发现短期市场情绪的影响力大于长期市场情绪的影响,也就是市场情绪对股票收益的影响,存在一个单调下降的期限结构。最后,由于混频数据具有的优势,采用混频数据抽样模型研究混频市场情绪对低频股票收益的影响。实证结果表明,混频市场情绪对股票收益的影响超过同频市场情绪。如果能获取更高频率的数据进行混频处理,该混频市场情绪能够超越市场溢价因子。

第二,根据 B-W 方法,构建了不同频率的个股情绪指标,并考察了个股情绪与股票收益的联动性。首先选取 *BSI*、调整换手率、成交金额增长率和滞后一期收益率等个股指标,运用主成分分析方法构建个股投资者情绪指标。其次,采用面板数据模型对个股情绪对个股收益的联动性进行实证研究。实证结果表明个股情绪的个体效应是统计上显著的。通过对比市场溢价因子的表现,实证结果表明个股情绪对股票收益的影响接近于传统的市场溢价因子。而混频数据抽样模型的结果显示混频个股情绪对股票收益的影响超越了市场溢价因子。类似于市场情绪,个股情绪对股票收益的影响,同样存在一个单调下降的期限结构。

第三,在基于消费的资产定价模型的框架下加入了投资者情绪,建立了静态资产定价模型。静态定价模型表明均衡价格可以分解成理性部分和情绪部分,从而投资者情绪对资产价格有重要的影响。在具有众多异质性情绪的投资者的市场中,情绪部分具有财富加权的结构,也就是投资者的财富可以放大情绪冲击。静态模型对资产搬家、价格泡沫和价格的高波动性给出了一部分解释。

第四,为了展示情绪的易变性对资产价格的影响,本书把基于投资者情绪的静态资产定价模型推广到动态模型。动态模型表明在均衡时投资者情绪影响单个情绪投资者的认知价格,而且时变投资者情绪导致了多样的价格变化形式。在多个交易者情况下投资者情绪影响投资者下期的财富比例,而且股票价格是所有情绪投资者的认知价格的财富比例加权平均值。最后,模型说明了由于投资者情绪导致财富波动,导致了收益长期反转现象,即模型对收益长期反转之谜给出了一部分解释。

第五,为了更好地讨论时变情绪和非理性投资者的生存性,本书把基于投资者情绪的动态资产定价模型推广到连续资产定价模型。模型显示投资者情绪是影响均衡价格的重要因素。另外，时变投资者情绪导致了多样的价格变化形式。数值模拟结果显示 100 年后情绪投资者可以在资本市场中长期存在，特别是投资者情绪接近于理性的和风险厌恶系数较高的投资者，其未来资产缩水并不明显。模型对非理性投资者的长期生存性异象给出了一部分解释，同时表明投资者情绪对资产价格有一个长期的持久的影响。

第六，从有限理性的角度建立了基于情绪的静态资产定价模型。与目前行为资产定价模型不同的是，针对整个决策过程（获取信息、处理信息和形成预期），模型考虑了多个方面的有限理性：有限关注、有限信息、有限计算能力、有限预期。其中，投资者情绪对有限预期有重要影响。也就是说投资者情绪是引起投资者有限理性的一个重要原因。其他原因包括投入的时间和精力不足，计算能力有限等。时间、精力和计算能力不足会导致有限关注现象，例如只考虑少数股票、少数影响变量和简化模型。依据锚定和调整现象，模型设定了一个阀值。当投资者情绪在阀值范围之内，有限理性投资者对微弱的情绪并不敏感，此时投资者情绪对投资者的行为并没有影响。只有投资者情绪超过阀值，有限理性投资者才会有改变其投资策略的冲动，进而影响资产价格。有限理性模型对决策滞后性给出了部分解释。

第七，将投资者情绪引入股市危机预警系统，采用 KLR 信号方法和 Logit 模型对沪市在 2005 年 1 月至 2012 年 6 月之间发生股市危机的可能性进行了预测。实证结果表明，与其他传统的预警指标相比，投资者情绪具有更加显著的预测能力，而且投资者情绪指标的加入，可以提高预警模型的预测准确性。无论是样本内还是样本外测试，投资者情绪都具有优秀的预测能力。

总之，这些结果说明了投资者情绪对资产价格有重要影响，因此在实证研究和模型当中加入投资者情绪，有助于投资者理解资产价格的行为以及预测股市危机。

目 录

第一章 绪论 ……………………………………………………（ 1 ）
　一、研究背景与意义 ……………………………………………（ 1 ）
　二、研究内容与方法 ……………………………………………（ 4 ）
　三、创新之处 ……………………………………………………（ 9 ）

第二章 文献综述 ………………………………………………（ 11 ）
　一、资产定价理论概述 …………………………………………（ 11 ）
　二、行为资产定价基础：有限套利 ……………………………（ 13 ）
　三、行为资产定价基础：心理实验与神经医学实验 …………（ 21 ）
　四、行为资产定价模型综述 ……………………………………（ 23 ）
　五、投资者情绪与股票收益的实证研究概述 …………………（ 29 ）
　六、本章小结 ……………………………………………………（ 37 ）

第三章 市场情绪与股票收益的联动性研究 …………………（ 38 ）
　一、市场情绪的构建 ……………………………………………（ 39 ）
　二、市场情绪与股指收益 ………………………………………（ 43 ）
　三、市场情绪与个股收益 ………………………………………（ 44 ）
　四、期限结构 ……………………………………………………（ 46 ）
　五、混频市场情绪 ………………………………………………（ 48 ）
　六、稳健性 ………………………………………………………（ 53 ）
　七、本章小结 ……………………………………………………（ 55 ）

第四章 个股情绪与股票收益的联动性研究 …………………（ 57 ）
　一、个股情绪的构建 ……………………………………………（ 58 ）
　二、同频个股情绪与个股收益 …………………………………（ 61 ）

三、个股情绪的期限结构……………………………………（62）
　　四、混频个股情绪……………………………………………（63）
　　五、稳健性……………………………………………………（65）
　　六、本章小结…………………………………………………（65）

第五章　基于情绪的静态消费资本资产定价模型…………（67）
　　一、模型的建立………………………………………………（67）
　　二、风险资产需求函数………………………………………（69）
　　三、资产定价公式……………………………………………（70）
　　四、本章小结…………………………………………………（82）

第六章　基于情绪的动态消费资本资产定价模型…………（83）
　　一、模型的建立………………………………………………（83）
　　二、代表性投资者……………………………………………（85）
　　三、两类投资者………………………………………………（90）
　　四、N个投资者………………………………………………（96）
　　五、本章小结…………………………………………………（99）

第七章　基于情绪的连续消费资本资产定价模型…………（101）
　　一、连续模型概述……………………………………………（101）
　　二、模型的建立………………………………………………（102）
　　三、模型的讨论………………………………………………（105）
　　四、本章小结…………………………………………………（115）

第八章　有限理性、投资者情绪与资产定价………………（117）
　　一、有限理性概述……………………………………………（117）
　　二、有限理性与基于情绪的资产定价模型…………………（126）
　　三、模型的讨论………………………………………………（129）
　　四、本章小结…………………………………………………（132）

第九章　投资者情绪与股市危机预警系统…………………（134）
　　一、预警指标体系的构建……………………………………（136）
　　二、预警系统…………………………………………………（138）
　　三、实证结果…………………………………………………（141）

四、本章小结 …………………………………………（147）
结　论 ………………………………………………………（148）

参考文献 …………………………………………………（151）
附录1：静态模型中欧拉方程的推导 ……………………（170）
附录2：最优风险资产需求函数的推导 …………………（171）
附录3：包含两类投资者的定价公式的推导 ……………（172）
附录4：代表性情绪投资者的定价公式的推导 …………（173）
附录5：动态定价公式的推导：理性投资者和情绪投资者 …（174）
附录6：连续模型定价公式的证明 ………………………（176）
致谢 ………………………………………………………（178）

第一章 绪 论

一、研究背景与意义

资产定价理论（Asset Pricing Theory）是定量描述市场上资产的价格是如何被决定的理论，其目的是协助投资人评估与决定各种证券的价值，使其能制定合宜的投资决策。另外政府监管部门可以通过资产定价模型判断资产的价格水平是否合理，从而为金融市场的监管提供切实可行的理论指导。因此资产定价理论在现代金融学理论体系中占据十分重要的地位，是金融学的核心问题之一。

以投资者的行为是否理性为标准，可以把资产定价理论分为理性资产定价理论和行为资产定价理论。理性资产定价理论的理论基础是 Fama（1965）的有效市场假说，其基本假设是：第一，投资者是理性的，即投资者的行为是完全理性的，因此其决策完全能够在理性选择基础上达到效用最大化；第二，即使存在非理性投资者，市场竞争仍然是完全有效的。即在市场竞争过程中，理性投资者能够把握住每一个由非理性行为形成的套利机会，使得非理性投资者在市场竞争中不断丧失财富，并最终被理性投资者所淘汰。在这两个假设前提下，理性资产定价理论认为在构建资产定价模型时只需要考虑理性投资者的行为，可以忽略非理性投资者的行为。与之相反，行为资产定价理论认为投资者的行为受到心理、情绪等非理性因素的影响，从而投资者的决策并不能够在理性选择基础上达到效用最大化。另外，行为资产定价理论认为市场上不存在纯粹的理性投资者，即使存在部分理性投资者，他们的套利行为也是存在套利限制。因此，在构建资产定价模型时增加非理性因子，有助于理解资产价格的行为。在资产定价理论发展的初期，由于非理性因素难以衡量，行为资产定价理论发展非常缓慢，而理性资产定价理论逐渐丰富起来。

在 Markowitz（1952）的投资组合理论的基础上，Sharpe（1964），Lintner（1965）和 Mossin（1966）分别提出了资本资产定价模型（CAPM）。CAPM 认为证券的收益分成两部分，一个是无风险收益，另一个是超额收益，其中超额收益是与市场证券组合的贝塔系数有关，而贝塔系数是衡量投资风险的重要指标。也就是说 CAPM 用简单的公式说明了收益与风险之间存在线性的联系。因此 CAPM 深受理论界和实务界的推崇，成为了现代资产定价理论诞生的标志。Markowitz（1952）的投资组合理论，Sharpe（1964），Lintner（1965）和 Mossin（1966）的资本资产定价模型，Modigliani 和 Miller（1958）的 MM 理论，Black 和 Scholes 的期权定价模型（OPM），Ross（1976）的套利定价理论（APT）等等，这些理论从理性投资者假设出发，利用一般均衡分析和无套利分析演绎出一套相当完美的金融学理论，称之为经典金融学（张峥，徐信忠，2006）。

经典金融学在 20 世纪 70 年代达到其在学术界的巅峰，但在 80 年代发现诸多市场异象之后，人们对该理论的信念就开始动摇了。例如 Shiller（1981）发现了撼动经典金融理论的过度波动性之谜，Mehra 和 Prescott（1985）发现了长期困扰理论界的股权溢价之谜，以及 Lee，Shleifer 和 Thaler（1991）发现了在金融市场中普通存在的封闭式基金之谜。

经典金融学不能解释众多异象的根本原因在于其假设非常的严格，与实际资本市场相差甚远。自 20 世纪 80 年代开始，针对投资者完全理性以及市场完全有效两个极端假设，行为金融学从心理、情绪等对行为的影响以及有限套利两个角度（Barberis 和 Thaler，2003）展开了对金融异象的研究，并给出了有力解释。从投资者行为角度出发，Shefrin 和 Statman（1994，2000）提出了著名的基于行为金融学的两大理论，即行为资产定价模型（BAPM）和行为资产组合理论（BPT），为行为金融理论的探讨奠定了坚固的基石。Shleifer（2000）在第一本有关行为金融的学术专著当中，将其在行为金融方面的研究论文加以归纳总结，并着重阐述了行为金融的经济思想。Shefrin（2002）着重于阐述了行为金融研究成果的应用，以及行为金融学对金融实务的影响。在众多学者的辛勤努力之下，行为金融逐渐得到学术界的认可，成为标准金融理论的有效补充。

在行为金融学当中占据核心地位的行为资产定价模型也得到了丰富的发展。根据投资者的非理性的表现形式，行为资产定价模型可以分为基于噪音的资产定价模型，基于偏差的资产定价模型和基于情绪的资产定价模型。在行为资产定价理论当中，基于噪音交易者的研究首先兴起，其中 Black（1986）对噪音的作用做了综合性阐述，De Long, Shleifer, Summer 等（1990a）说明了噪音交易者如何创造自己的盈利空间。该方面的研究虽然能够在理论上解释一定的金融市场异象，然而噪音与信息难以区别开来，目前研究对于使用何种指标来测度噪音尚未达成共识，导致实证检验难以展开。

Shefrin 和 Statman（1994）在其著名的行为资产定价模型当中认为噪音交易者对市场起的作用，主要取决于他们犯的认知错误。因此众多学者结合心理学家对认知偏差的研究结果，从认知偏差角度出发展开对金融异象的研究。期间涌现了大量的基于某种偏差的模型研究，例如 Barberis, Shleifer 和 Vishny（1998），Daniel, Hirsheifer 和 Subramanyam（1998），Hong 和 Stein（1999），Barberis, Huang 和 Santos（2001）等等。基于认知偏差的研究虽然能够对某种偏差导致的现象进行解释，但是其遭遇到同样的难题，即在实证研究当中如何测度认知偏差。相对于基于噪音的研究而言，认知偏差还存在一个难题，就是认知偏差种类繁多，在实际市场当中的金融异象可能是多种认知偏差综合作用的结果。也就是说在模型当中只考虑某一种或者两种认知偏差对股票价格的影响，这种做法是不完善的。

由于国内外大量的心理、行为学实验和神经医学实验均表明了投资者情绪对其行为决策和整体市场的显著影响，因此自 20 世纪 90 年代开始作为行为金融学一大分支的投资者情绪研究逐渐丰富起来。在实证研究方面著名的研究文献有 Lee, Shleifer 和 Thaler（1991），Kumar 和 Lee（2006），Baker 和 Wurgler（2006），Stambaugh, Yu 和 Yuan（2012）等等。Baker 和 Wurgler（2006）认为投资者情绪是基于对资产未来现金流和投资风险的预期而形成的一种信念。基于这个定义，投资者情绪变动时，也就是对未来的看法发生了变化，从而投资者随着改变其投资策略，最终影响资产价格。Stambaugh, Yu 和 Yuan（2012）研究投资者情绪在横截面股票收益的各种异象中的作用，其研究表明每种异象都跟随着高数值的投资者情绪。这个实证结果说明投资者情绪对金融异象有解释能力，基于投资者情绪构建资产定价模型可以解决理性资产定价模型难以回答的问题。在理论模型方面，基于投资者情绪的已有的研究有 Lawrence, McCabe 和 Prakash（2007），Shu（2010），Liang（2011），Yang 和 Yan（2011），Yang, Xie

和 Yan（2012）等等。尽管这些研究在不同的模型框架下研究投资者情绪的作用，但是这些研究都说明了投资者情绪是影响资产价格的系统性因子，并对一些著名的金融异象给出了部分解释。综上所述，无论是从行为金融的完善方面还是从金融实践的应用方面，研究投资者情绪影响下的资产定价问题具有较强的理论和现实意义。

在目前的各种情绪资产定价理论中，基于消费的资本资产定价模型（CCAPM，Lucas，1978）采用了一般均衡分析，是 CAPM、APT、以及 ICAPM 的一般化，具有较好的扩展性，避免了早期理论所存在的一些局限性。Shu（2010），Liang（2011）已经沿袭这个框架构建了基于投资者情绪的模型，并解释了股权溢价之谜、高波动率和价格泡沫等金融异象。但是他们对时变情绪以及异质性情绪投资者的相互作用没有进行深入研究，也没有对收益均值反转以及长期生存性问题给出解释。为了解决上述问题，本书在基于消费的资本资产定价模型的框架下，引进投资者情绪，主要从静态、动态和连续三种经济环境下研究投资者情绪对资产价格的影响。

二、研究内容与方法

（一）研究内容

在构建基于投资者情绪的定价模型之前，本书首先要进行两个方面的研究。第一个是文献综述，即对已有文献的研究思路和研究成果进行总结，分析存在的不足以及未来的研究方向，并说明本书内容的定位和贡献。第二个是基于中国股市的数据研究投资者情绪对股票收益的影响。由于已有研究更多地关注投资者情绪对股指和不同类别的股票组合的影响，因此在实证研究当中本书采用面板数据分析方法研究投资者情绪对个股收益的影响。大多数文献都是研究市场情绪的作用，而由整体市场数据构建的市场情绪对于个股收益的影响较小，另外投资者对个股的投资更加关注，因此本书需要依据个股数据构建个股情绪。基于市场情绪和个股情绪的实证研究可以为基于投资者情绪的资产定价模型的建立提供实证支持。最后，为了检验投资者情绪在极端情况下，是否对股市起重要作用，本书构建基于投资者情绪的股市危机预警系统，并采用实证研究考察投资者情绪对股市危机的预警作用。

在理论研究方面，由于不同时态的资产定价模型可以讨论投资者情绪的不同作用，因此本书首先构建简单的静态资产定价模型，再推广到动态资产定价模型，最后拓展到连续资产定价模型。另外，有限理性理论对模型中出现精于计算的投资者的假设提出了严厉的批评，本书引进有限理性的一些最新成果，对资产定价模型进行拓展分析。

综上所述，本书的主要研究内容包括如下六大部分：

1. 投资者情绪与股票收益的联动性研究

本书以 Baker 和 Wurgler（2006）提出的 B-W 方法，选取能表征市场情绪和个股情绪的指标，构建不同频率的市场情绪指标和个股情绪指标，并采用多元回归模型和面板数据分析模型对情绪指标与股票收益的联动性进行研究，并考察不同频率的投资者情绪的影响力，检验短期情绪的影响是否大于长期情绪的影响力。另外，依据混频数据抽样模型，构建混频市场情绪与混频个股情绪，并讨论同频情绪以及混频情绪对股票收益的影响。

2. 基于投资者情绪的静态资产定价模型的构建

本书假设具有乐观情绪或者悲观情绪的投资者对未来的红利流的预期与理性投资者不同，然后沿袭基于消费的资本资产定价模型，以投资者的消费效用为目标，通过最优化方法求解含有投资者情绪的欧拉方程。在不同类别投资者的情况下（代表性投资者、理性投资者和情绪投资者、乐观投资者和悲观投资者、N 类投资者），通过市场出清的条件得到资产定价公式，并探讨投资者情绪对均衡资产价格的影响。

3. 基于投资者情绪的动态资产定价模型的构建

由于动态资产定价模型可以刻画投资者情绪对资产价格的动态影响，因此把基于投资者情绪的静态定价模型推广到动态模型。与静态模型不同的是，在动态模型中讨论时变情绪对资产价格的影响，以及投资者情绪对下期财富比例的影响，并对长期反转之谜进行探讨。

4. 基于投资者情绪的连续资产定价模型的构建

讨论在连续经济环境中，投资者情绪是如何影响均衡价格，重点研究情绪投资者的长期生存性问题，以及时变情绪如何影响资产价格，例如跳跃情绪导致的价格突变。

5. 基于有限理性的情绪资产定价模型的构建

讨论当投资者是有限理性时，投资者情绪如何对资产价格产生影响，重点研究有限理性行为导致的投资滞后性问题。

6. 基于投资者情绪的股市危机预警系统的构建

讨论在传统股市危机预警模型中加入投资者情绪之后预警模型的预警能力，重点讨论投资者情绪增加的预警能力。

具体而言，本书共分为九个部分，结构安排如下：

第一章为绪论，主要内容是理清资产定价研究的研究背景、研究意义和发展历史，并指出本书的切入点、主要内容和研究方法，最后归纳本书的创新点。

第二章为国内外文献研究综述。首先总结标准金融对资产定价的研究成果，并指出理性资产定价模型的缺陷。然后总结行为金融的两大基石：有限套利，心理实验和神经医学实验。最后对基于投资者情绪的实证研究和理论研究进行总结，并分析目前理论研究的未来研究方向。在上述论述过程中，本章主要以研究内容为分类、以时间为顺序。

第三章为本书的实证研究之一，该研究包括利用主成分分析方法构建市场情绪指标，采用多元回归分析和面板数据分析模型，从同频和混频两个角度市场情绪与股票收益之间的联动性进行考察。

第四章为本书的实证研究之一，该研究包括利用主成分分析方法构建个股情绪指标，采用多元回归分析和面板数据分析模型，从同频和混频两个角度对个股情绪与股票收益之间的联动性进行考察。

第五章主要是构建基于情绪的静态消费资本资产定价模型，包括阐述模型的经济环境，假定投资者的投资行为，求解最优风险资产需求函数，以及推导不同类别投资者的均衡价格的定价公式，并依据定价公式定义了市场有效性指标，最后通过数值模拟直观展示投资者情绪与资产价格和市场有效性的关系，对资产搬家和价格过度波动的金融市场异象给出部分解释。

第六章构建基于情绪的动态消费资本资产定价模型，包括阐述模型的经济环境，假定投资者的投资行为，在不变情绪和时变情绪两种情况下推导出两期的均衡价格，并解释收益长期反转之谜的金融市场异象。

第七章主要是构建连续的基于情绪的资产定价模型，包括阐述模型的经济环境，假定投资者的投资行为，在不变情绪和时变情绪两种情况下推导出连续的均衡价格，并解释情绪投资者的长期生存性问题。

第一章 绪 论

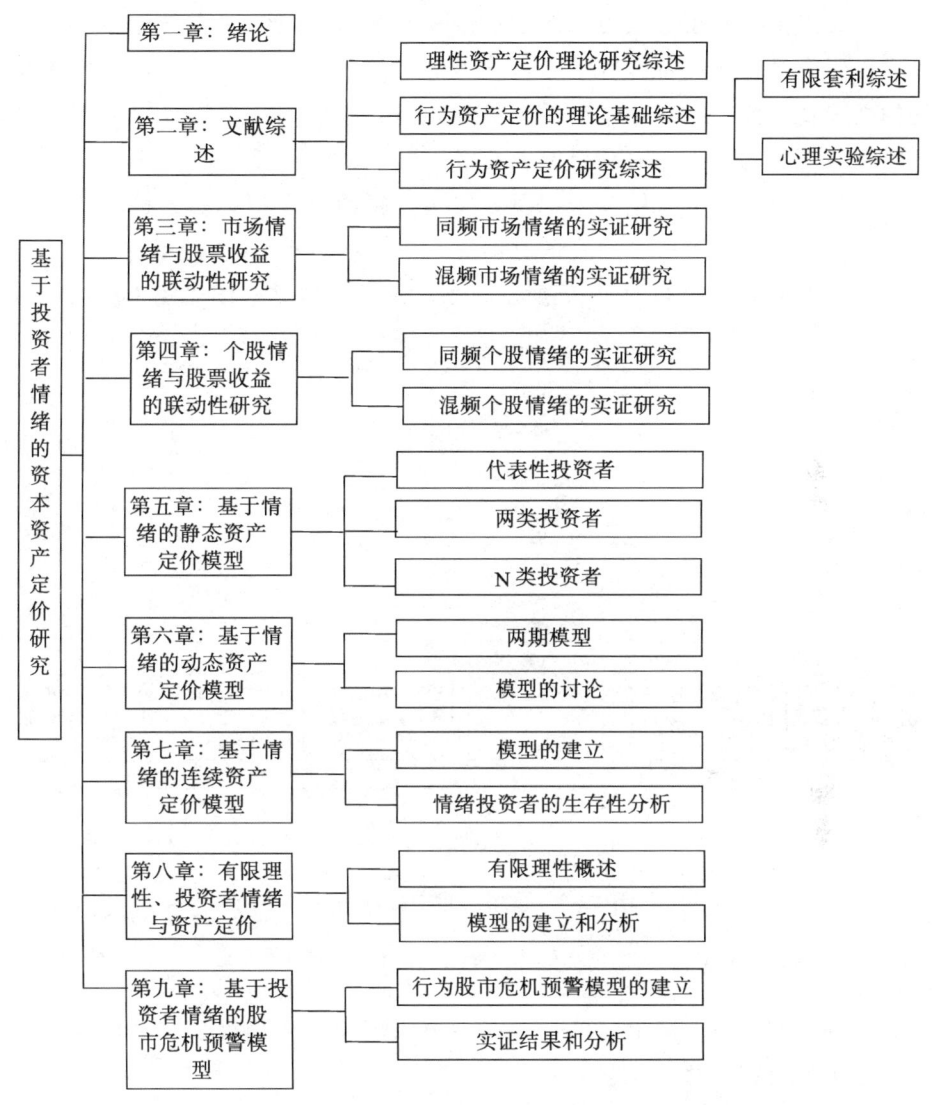

图1-1 研究内容和结构

第八章是模型的改进，主要是从有限理性的角度出发，构建基于情绪的资产定价模型，包括有限理性的理论简介，稀疏性假设的提出，锚定和调整函数的特征，在有限理性框架下基于投资者情绪的资产定价模型建立及推导，以及得出均衡资产定价公式，着重分析在有限理性的影响下，投资者对微弱情绪的反应滞后性对资产价格和市场有效性的影响。

第九章是研究投资者情绪对股市危机是否具有预警作用。首先考察16

个宏观经济指标的预警能力,从中挑选预警能力最强的四个指标。然后通过实证研究检验投资者情绪指标对股市危机的预警能力,并与表现最优秀的四个宏观指标进行对比。最后把投资者情绪指标加入传统预警系统,探讨投资者情绪的加入,对预警能力的增强作用。

结论部分为全书总结及未来研究展望,将给出模型和实证检验的总体结论,并指出未来进一步研究的方向。

本书的研究内容如图1-1所示,各章节的逻辑结构图见图1-2。

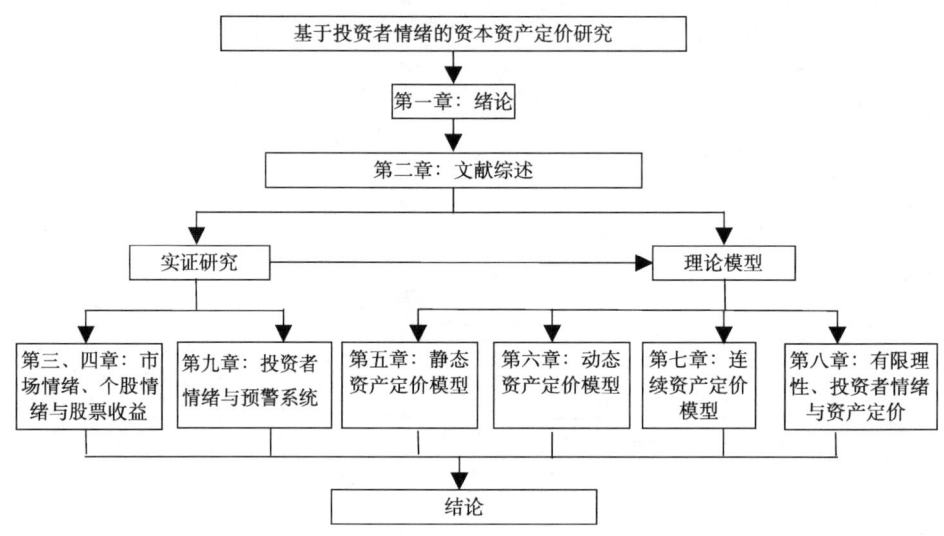

图1-2 本书各章节结构关系

(三)研究方法

根据研究内容与研究目的,本书主要采用理论模型推导、数值模拟和实证分析的研究方法。

1. 构建理论模型方面:以投资者情绪为切入点,构建基于投资者情绪的资产定价模型,包括静态资产定价模型、动态资产定价模型和连续资产定价模型。推导过程中主要采用的是最优化方法、对数效应近似方法和随机权重方法。

2. 数值模拟方面:利用 Matlab 数学软件对所构建的情绪资产定价模型的数值解等进行数值模拟,得到情绪影响下的各种图形。例如采用蒙特卡罗模拟得到资产价格的变化途径。

3. 实证分析方面:利用 SAS 统计软件和 Matlab 软件,主要采用多元统计分析、主成分分析、Logit 模型、KLR 方法、混频数据抽样模型和面板数据分析检验等分析方法，利用现实金融市场数据，研究投资者情绪与股票收益的联动性。

三、创新之处

本书的创新之处主要表现在：

1. 为了在静态市场环境中探讨投资者情绪的作用，建立了静态的基于消费的情绪资产定价模型。与基于投资者情绪的其他模型不同的是，本书研究了理性投资者和情绪投资者，乐观投资者和悲观投资者，以及众多异质性情绪的相互作用，模型表明市场情绪的总体影响力具有财富比例加权的情绪结构。

2. 为了在动态交易的市场环境中探讨投资者情绪的作用，本书把基于投资者情绪的静态定价模型推广到动态模型。与基于投资者情绪的其他模型不同的是，在代表性投资者的模型中，讨论了时变情绪对资产价格波动性的影响。另外，动态模型显示均衡价格是所有情绪投资者的认知价格的财富比例加权平均值，而且投资者情绪影响下一期的财富比例。最后，本书通过探讨理性投资者和情绪投资者，乐观投资者和悲观投资者，以及众多异质性情绪的相互作用，分析了财富比例受情绪影响的变化以及均衡价格的变化路径。

3. 为了在连续交易的市场环境中探讨投资者情绪的作用，本书把动态模型推广到基于投资者情绪的连续资产定价模型。与基于噪音或者偏差的研究不同的是，本书通过探讨理性投资者和情绪投资者，乐观投资者和悲观投资者，以及众多异质性情绪的相互作用，分析了情绪投资者的长期财富比例的变化，模拟结果显示风险厌恶程度较高或者投资者情绪与实际表现相接近的投资者，其未来资产缩水并不明显，其他的情绪投资者也依然会保持一定财富，说明了非理性投资者在证券市场中可以长期生存性的异象。

4. 在实证研究方面，通过对不同频率的投资者情绪与股票收益的联动性研究，发现投资者情绪存在一个单调下降的期限结构。另外，多因子面板数据模型显示市场情绪对个股收益影响较小，而个股情绪对股票收益的影响接近于传统的市场溢价因子。

5. 与其他研究不同，在考察投资者情绪的重要性研究中，本书采用混频数据抽样模型。首先依据 MIDAS 模型构建混频市场情绪和混频个股情绪，然后进行回归分析。回归结果表明混频投资者情绪比低频投资者情绪影响更加显著，混频情绪可以超越传统的市场溢价因子。

6. 将投资者情绪引入股市危机预警系统，采用 KLR 信号方法和 Logit 模型对沪市在 2005 年 1 月至 2012 年 6 月之间发生股市危机的可能性进行了预测。实证结果表明，与其他传统的预警指标相比，投资者情绪具有更加显著的预测能力，而且投资者情绪指标的加入，可以提高预警模型的预测准确性。

第二章 文献综述

本章主要是对已有文献的研究思路和研究成果进行总结，分析存在的不足以及未来的研究方向，并说明本书内容的定位和贡献，为后续章节的研究工作提供文献支持。

一、资产定价理论概述

虽然资产定价理论在现代金融学理论体系中占有十分重要的地位，是金融学的核心问题之一，但是20世纪50年代以前，行为资产价格定价理论发展较为缓慢，具有代表性的观点是Keynes（1936）的"选美论"。Keynes（1936）将股票市场比作选美比赛，投资者要成为最后的赢家，必须能够准确的预测到其他所有参与者的平均预期，也就是选择绝大多数人认为的美女，而不要选择你自己认为美丽的人。类似的，对于金融市场投资，不要去买个人认为能够赚钱的金融品种，而是要买大家普遍认为能够赚钱的品种，哪怕那个品种在自己的眼里根本不值钱。Keynes（1936）的"选美论"是早期的行为资产定价理论，但是该理论只给出理论表述，没有给出定量的定价公式，没有引起学术界的重视。

与行为资产定价理论发展缓慢不同，在20世纪50年代以前，众多研究成果为理性资产定价理论奠定了坚实的基础。Bernouli（1738）已经提出投资者在最大化财富的同时，也要求最小化风险。Bernouli（1738）提出了资产的价格取决于期望效用而不是期望收益，并且财富的边际效用是递减的。这种思想和方法为资产定价理论提供了新的思路。Marschak（1938）就运用均值－方差坐标空间的无差异曲线来刻画投资偏好，Neumann和Morgenstern（1944）建立了期望效用的公理化体系，为Markowitz的投资组合理论提供了有效的研究工具。

20世纪50年代以后，Markowitz（1952）在上述成果的基础之上提出的现代资产组合理论（MPT）。资产组合理论为投资者的最优投资决策提供了依据，奠定了现代资产定价思想的基础。现代资产定价理论诞生的标志是Sharpe（1964）、Lintner（1965）和Mossin（1966）分别提出了资本资产定价模型（CAPM）。CAPM论证了证券的超额回报率与其所承担风险之间存在一个简单的线性关系，为资本市场的产品设计，资产定价和风险管理奠定了基础。此后，现代资产定价理论得到了理论界的广泛关注，理性资产定价理论进入繁荣发展的阶段。Duffie（1992）认为自CAPM提出之后的十多年之间的资本资产定价模型都是基于这个基础进行了修正和拓展，例如Black的零贝塔资本资产定价模型（0 - βCAPM），Merton（1973）的跨期资本资产定价模型（ICAPM），Lucas（1978）和Breeden（1979）的基于消费的资本资产定价模型（CCAPM），Cox, Ingersoll, Ross（1985）的基于生产的资本资产定价模型（PCAPM），Lucas和Stokey（1987）的基于货币的资本资产定价模型（MCAPM），Fama和French（1993, 1996）的三因子模型，以及Holmstrem和Tirole（2001）的基于流动性的资本资产定价模型（LCAPM）等等。

虽然CAPM对风险和收益之间的理论关系提供了一个简单的架构，但是在理论方面，CAPM存在两个不足。第一，Roll（1977）对CAPM的论证逻辑提出批评，他认为CAPM的推导和定价不过是循环论证。即如果市场是处于均衡效率状态，则任何资产的价格都是落在证券市场线上。即证券的市场价格已经是均衡价格，不再需要用CAPM来定价。反之，如果CAPM计算出来的价格不等于证券目前的市场价格，则说明市场不是有效均衡的，这就违反了CAPM有效市场的前提假设，因此CAPM计算出来的价格也不是有效均衡价格。这些批评意味着资本定价模型是无法检验的。第二，在CAPM理论框架下，交易将不可能发生。CAPM对理性投资者持有完全信息的假设以及同质预期的假设，使得在CAPM框架下所有的投资者将会对同一种资产持有相同的态度，那么交易就不可能发生。

理性资产定价模型除了遭遇上述困境之外，其理论假设的完美性使得模型在解释不完美的现实金融市场时遇到了困难，在80年代之后众多学者又发现了与理性资产定价理论相悖的许多市场异象。例如De Bondt和Thaler（1985）的研究表明股票长期的历史累计收益与未来的长期股票收益负相关，这个现象称之为"长期反转"。基于长期反转现象构造的投资策略可以获得超额收益，也就是说超额收益与风险之间不再存在线性关系。Jegadeesh 和 Titman（1993）的研究显示股票中期的历史累计收益与未来的中期股票收益正相关，这个现象称之为"中期惯性"或者"动量效应"。基于中期惯性现象构造的投资策略也可以获得超额收益。徐信忠，郑纯毅（2006）发现在中国股票市场上动量效应现象的期限明显要短于西方发达国家股票市场，期限大约为半年时间。当期限超过半年时，动量效应逐渐转变为收益的反转现象。Odean（1998，1999），Barber 和 Odean（2000）发现个人投资者的投资收益要远低于资产定价模型所决定的收益，原因在于投资者的过度交易和"处置效应"（过早卖掉盈利的股票而长期持有亏损股票）。Benartzi 和 Thaler（1999）向被调查者提供基金历史业绩数据，研究发现被调查者愿意将更大比例的资金投资于历史业绩良好的基金，也就是说投资者的投资决策过程中存在框架效应（不同决策框架对决策者在同一个决策中的最终选择会产生影响）。刘玉珍，张峥，徐信忠等（2010）发现基金投资者的投资决策受到问题框架的影响，而投资者框架效应的程度与教育程度、收入水平、在职情况以及投资经验等因素具有显著相关关系。

著名的金融异象还有 Shiller（1981）发现的撼动经典金融理论的"过度波动性"之谜，Mehra 和 Prescott（1985）发现的长期困扰理论界的股权溢价之谜，Lee，Shleifer 和 Thaler（1991）发现在金融市场中普通存在的封闭式基金之谜等等。在这些金融异象的冲击之下，研究者开始反思经典金融学，并认为经典金融学不能解释众多异象的根本原因在于其假设非常的严格，与实际资本市场相差甚远。20 世纪 80 年代以后，针对投资者完全理性以及市场完全有效两个极端假设，行为金融学从心理、情绪等对行为的影响以及有限套利两个角度（Barberis 和 Thaler，2003）展开了对金融异象的研究，并给出了有力解释。从此行为金融逐渐得到学术界的认可，成为标准金融理论的有效补充。

下面首先介绍行为金融对有限套利和心理实验的最新研究进展，在此基础上再论述行为金融资产定价理论以及基于投资者情绪的实证研究。

二、行为资产定价基础：有限套利

套利是现代金融学中最重要和最基本的概念之一。理性资产定价理论认为：如果存在套利机会，市场上大量的套利者的套利行为，可以消除错误定价，使得市场价格回归到基本价值，最终使得市场套利机会消失。然而自20世纪80年代以来，证券市场涌现出了许多有悖于标准金融理论的投资者异常行为及金融市场异象，此时现代金融理论已无法使用套利理论对其做出合理的解释。

随着行为金融的崛起，众多学者从行为金融的角度，对实际的套利进行了大量富有成效的研究。Shleifer和Vishny（1997）明确提出了著名的"有限套利"（the limits of arbitrage）的概念，另外Barberis和Thaler（2003）在总结行为金融理论时认为有限套利理论是行为金融的基石之一。有限套利理论主要观点是实际的套利与传统套利不同，在现实套利当中市场的不完备制度束缚着套利者，其次套利者会遭遇各种风险，最后套利者本身也有其局限性，因此套利者可能遭受损失，甚至被强制清算，退出市场。

下面，对每一阶段每一类别的相关研究文献，分成理论和实证两方面，按照时间发展顺序进行简要评述。

（一）不完备市场

在实际的套利中，与标准金融的理想的假设相违背的市场不完备性会对其造成制约，例如不同质替代品、交易成本、借贷利差和卖空限制等。

1. 不同质替代品

套利机制作用是否有效，前提要看能否找到存在定价偏差的近似替代品，否则套利就会演变成投机。对许多衍生金融产品来说，其替代品还是容易找到的，然而在大多数情况下，大量的证券组合没有替代组合。虽然这些证券组合出现定价偏差，但是套利者无法进行无风险的对冲交易。这种由于没有完全替代品而充满风险的套利行为被行为金融学称为"风险套利"，这使得套利的作用受到很大限制。Wurgler和Zhuravskaya（2002）对加入S&P指数的股票进行研究，他们发现市场存在明显的定价偏误。他们认为这是因为市场不存在完全的替代品，而且越难找到替代品，定价偏误上升的幅度就越大。Barberis和Thaler（2003）认为如果基础风险是系统性的，在没有近似的替代品的情况下，风险厌恶的套利者的行为将导致套利产生基础风险。Froot和Dabora（1999）发现皇家荷兰股票和壳牌股票的股价，尽管两种股票代表的是同样的基本价值，但是在近20年来，这两种股价按比例换算后依然相等的时间，非常短暂。也就是说即使在本质上可以完全替代的证券也不是完全意义上的替代。

2. 卖空机制的限制

经典金融学普遍假设在模型当中允许卖空，但是长期以来理论界和实务界都对于在证券市场上是否应该允许卖空存在很大的争议。在实际市场当中，即使是发达国家，卖空机制也存在种种限制。第一个限制是借股票需要费用，例如保证金。Gromb 和 Vayanos（2002）的研究表明杠杆约束会对套利者消除错误定价能力产生影响。D'Avolio（2002）发现虽然在一般情况下很多股票的借出费用在 10 到 15 个基本点，费用很低，但是在某些情况下（例如市场预期股市下跌时），保证金被极大地提高，以致套利者不能够借到股票。

第二，当客户要卖出证券或提出证券时，套利者就不得不从市场中买回已卖空的证券。在证券市场流动性不好或大量持有该种证券的交易者恐慌性抛售证券时，套利者为购回证券所支付的代价就非常昂贵。上述现象也导致那些消除证券基础风险的套利者的成本显著增加，并减少其持有期限。Lamont 和 Thaler（2003）以及 Lamont 和 Stein（2004）认为卖空机制限制了套利，这个因素在 2000 年股票市场泡沫起一个重要作用。

第三，Barberis 和 Thaler（2003）认为卖空限制还包括存在法律限制，很多基金的卖空行为是不允许的。在 2010 年 2 月 24 日的投票中，SEC 以 3 比 2 的结果通过了一项限制股票卖空行为的新规，该新规规定在单只股票在单个交易日内下跌超过 10% 时，限制卖空行为。虽然大多数的发达市场和新兴市场在法律上允许卖空，但在实践中由于受到税收等其他因素的制约，市场的卖空交易并不可行或并不普遍。在 2010 年中国开展融资融券业务和股指期货业务之前，中国证券市场一直无法进行卖空交易。

3. 套利成本的限制

经典金融学一般假设没有税收、没有交易成本（经纪费用、手续费等）和自由借贷（没有利差）等等。但在实际市场当中，佣金、印花税、个人所得税等等都降低了套利者的收益。De Long, Shleifer, Summer 等（1990a）认为由于套利成本的存在，导致理想交易者不能够利用错误定价。他们认为套利成本包括了买卖差价、佣金、价格冲击和利率（机会成本）。强调机会成本的研究还有 Dow 和 Gorton（1994）和 D'Avolio（2002）。Dow 和 Gorton 认为只要满足套利者的订单不能够驱使价格反映信息，以及套利者不能坚持拥有资产到价格反映信息那一刻这两个条件，那么每个拥有私有信息的交易者将会卷入有成本的套利。D'Avolio（2002）发现在市场预期股市下跌时，保证金被极大地提高，从而使套利者增加套利成本。

在实证方面，Pontiff（1996）指出如果基金组合利率很高，那么封闭式基金的价格表现和噪音交易者的资产定价模型的结论一致。Barberis和Thaler（2003）认为在实施成本存在的情况下，如果信息获得需要成本或者资源获得的成本很昂贵，那么很多套利者不想尝试消除错误定价。他们用Palm/3Com的数据验证了套利受到实施成本的限制。孔东民（2008）结合盈余公告后的价格漂移现象对中国股市的有限套利进行研究，结果显示定价偏误的程度与套利风险和成本有正关系。

（二）各种风险

传统金融认为套利是没有任何因素风险的，但是这个条件太理想化，在实际当中很难实现。实际上，套利在金融市场也遭遇很多风险，包括基本风险、噪音风险和其他各种风险。

1. 基础风险和模型风险

按照理性资产定价模型的观点，证券的合理价格是由其基本因素决定的。这就对套利者提出两个要求，一是套利者必须充分了解并准确预测所有套利证券的基本因素及变化。在现实当中，全知全能的人是不存在的，所以套利者就会面临基础风险。二是套利者必须有一个正确的模型，并根据这些基本因素对证券价格进行准确定价。众多模型各有利弊，如何选择较适用的模型，依然是个困难的问题，因此套利者就面临着模型风险。Barberis和Thaler（2003）认为如果没有近似的替代品，由于基础风险是系统性的，不能够被分散，那么套利将会产生基础风险。即使有近似替代品，Shiller（1984）和De Long，Shleifer，Summer等（1990a）认为由于与其他证券的风险不相关的基础风险的存在，导致理想交易者不能够利用错误定价。

2. 特质风险

尽管经典金融学指出一个分散化很好的资产组合不受资产特质风险（idiosyncratic risk）的影响，但是Wurgler和Zhuravskaya（2002）认为专业的套利者对资产的需求与该资产的套利风险呈反向关系，这种风险本质上是资产的特质风险。至于那些分散化不够的资产组合遭受的特质风险更大。Wurgler 和 Zhuravskaya（2002）指出对冲基金并不持有分散化很好的组合，例如 1998 年美国的长期资产管理公司就是遭受特质风险的冲击而破产的。Shleifer 和 Vishny（1997）也认为特质风险阻止了专业的套利行为，他们指出在其他情况相等时，更高的特质性波动会降低套利行为。事实上，由于无法对冲，特质性风险可能会比系统风险有更大的影响。可见，特质风险限制了套利活动。

3. 噪音交易者风险

噪音是与信息相对应的，它是市场上杂乱无章和没有价值的各种信号。如果投资者分辨不出哪些是噪音，哪些是信息，那么投资者就可能依据噪音进行判断和指导投资决策，这就是噪音交易者。由于噪音交易者对风险资产未来收益形成了错误理念，因此 Black（1986）认为噪音交易为金融市场提供了流动性同时也扭曲了市场，市场的流动性与市场的无效性成正比。De Long, Shleifer, Summer 等（1990a）认为如果套利行为没有足够力量瞬间将价格偏差消除的条件下，由于噪音交易者的心态容易受到噪音的影响，其投资需求难以预知，套利者就必须面对未来资产价格不确定性的风险，即价格偏差一错再错的风险。这种风险被称为噪音交易者风险。此外，他们认为如果市场中的噪音交易者风险是系统性风险，也就是说市场上大量的噪音投资者都有相同看法，当噪音交易者错误感知的久期不低于理性投资者的时间，则噪音交易风险阻碍了套利。虽然套利在长期来看是无风险的，但是持有的保证金是有限的以及代理的期限是短暂的，在短期套利者可能承受清算风险。

De Long, Shleifer, Summer 等（1990b）在研究正反馈噪音交易者时进一步指出，套利者宁愿和噪音交易者一起行动，而不是反对他们。另外 De Long, Shleifer, Summer 等（1991）和 Kogan, Stephen, Wang 等（2006）建立的模型较好地说明了噪音交易者的长期生存能力问题，因此噪音交易者并没有被市场所剔除，甚至有可能越来愈多，可见噪音交易风险是一种系统性风险。在实证方面，Barberis 和 Thaler（2003）用壳牌集团、纳入指数和 Palm/3Com 的数据验证了壳牌集团和纳入指数存在噪音交易风险的限制。

4. 业绩导向型套利风险

Grossman 和 Miller（1988），De Long, Shleifer, Summer 等（1990a），Campbell 和 Kyle（1993）认为如果没有委托代理问题时，当价格偏离价值

很大，套利者比较积极进取。然而在实际市场中，使用自有资金的个体套利者由于个人风险态度、资金力量及专业技能的限制，并不是市场上的主要套利力量。一般而言，套利都是少数职业投资家的游戏，他们通过对外募集资金再以其专业知识进行套利活动。这种外部资本的来源有的是通过公开募集来自几百万个投资者的资金，如共同基金，有的是通过私下募集来自富有的个人、银行、捐赠等，如对冲基金，还有就是一些银行贷款。这种出资与管理相分离的模式，导致了智力和资本资源相分离，使得资金得到充分的使用，但同时也引发了难以解决的委托代理问题。Dow 和 Gorton（1994）认为如果基金经理的业绩很差，按照合约，基金经理会被开除。这个观点和后来 Shleifer 和 Vishny（1997）提到的业绩导向套利（PBA, performance based arbitrage）是一致的。大多数情况下，出资人都会简单地根据管理人过去的收益来评价其业绩，从而决定增加投资还是减少投资。出资人的决策导致管理机构在套利期限之内，由于短期的业绩表现糟糕就遭受赎回，使得后面的套利活动无法进行，这就是业绩导向套利风险。

5. 一致性风险（Synchronization risk）

标准金融认为大量的理性套利者一旦发现错误定价，就瞬间采取套利活动，使得价格回归价值。在这种表述当中，所有的理性投资者是共同行动的，然而在实际市场当中套利者的步调并不一致。Dow 和 Gorton（1994）他们认为有限交易期限导致价格不是有效，因为直到事件期限足够近的时候，信息交易者才会按照他们的信息来交易。在事件发生之前，他们不会太早卷进套利中。当信息交易者发现套利成本太高时，私有信息不会对价格产生影响。第一个套利者的决定取决于他对后面套利者的决定的预期。Shleifer 和 Vishny（1997）提到的业绩导向套利（PBA）时，也认为事实上套利者本身可能存在分歧，特别是对于异常，异常很缓慢得被人理解，直到被曝光，投资者才会对异常采取约定好的行动。Abreu 和 Brunnermeier（2002）认为如果理性交易者对同行是否会参与套利活动存在疑问，套利受到限制，并把这个风险称之为一致性风险。套利者选择适当时间进入市场，而不是马上进行套利，这个导致套利时滞。取得套利信息的时间有先后，不知道其他人获取信息的情况和进行套利时间出现错误定价时，套利者担心太早进场，只有当资产价格到达边界时，套利者才会立即出手，不会迟缓。

(三) 套利者自身的局限

标准金融假设套利者是理性交易者，但事实上套利者也有其局限性，他们也会受到自身情绪的影响，只不过比噪音交易者掌握更多市场信息和投资技巧。

1. 有限理性

古典决策理论认为经济人具有完全理性。完全理性是指经济人对外在的环境知识无所不知；对自己也了若指掌，即具有一个稳定的偏好体系；而且拥有很强的计算能力。在这种几乎无所不能的假设下，经济人能在决策中寻求最优的决策方案，实现利益最大化。然而，在现实中容易犯错的投资者总是与古典决策理论所说的大相径庭。

Simon（1955）认为完全理性在现实生活中是不存在的，取而代之的是有限理性，他指出所有的代理商是有限理性的，他们掌握的信息是不完全的，计算和分析信息的能力是有限的，他们选择简单的预测规则而不是最优的决策。投资者在决定过程中寻找的并非是最优的标准，而只是满意的标准。在 Simon（1955）的有限理性理论的基础上，Kahneman 和 Tversky（1974）提出 3 种常见的启发式：代表性、可得性以及锚定和调整，也就是人类的决策行为常常是非理性和有偏差的。Gabaix（2011。，2012）依据 Kahneman 和 Tversky（1974）提出的锚定和调整的思想，在模型当中引入锚定和调整函数，并扩展成稀疏性（sparse）的思想，也就是在模型中决策者对世界有一个简化的看法。具体而言简化的看法就是只关注少数参数，变量在一定范围内是常数。依据这些稀疏性假设，决策者可能不完美地最优化他们的问题。

2. 有限资本

传统金融认为每一个交易者都可以构筑巨大的套利头寸来赚取利润，这种套利行为瞬间消除了套利机会。也就是说只需要一位套利者，就可以消除价格偏差。但 De Long，Shleifer，Summer 等（1990a）认为市场上新进来的投资会根据历史收益率来模仿噪音交易者或者套利者的策略，如果噪音交易者历史收益率较高，那么噪音交易者的数量会越来越多，套利者数量减少，从而套利者总体资本也减少。Shleifer 等人（1997）认为由于套利者需要掌握复杂的金融知识，因此套利者只是少数专家，而且由于存在委托—代理问题，套利者的资金并不是无限的；当噪音交易者的悲观冲击更大时，投资者根据套利者的损失回收资金时，套利者的资金会减少，甚至亏掉所有保证金被剔除出市场。套利者的人数有限，每个套利者掌握的资本也有限，就意味着整体市场上套利者的头寸是有限的，因此套利并不能瞬间消除价格偏差。

3. 有限期限

传统观点认为套利可以瞬间消除价格偏差，从而忽略了套利活动的时间跨度。但在实际市场中，套利者还受到他们套利活动时间跨度的影响。Dow 和 Gorton（1994）认为套利者的期限要跨越了事件发生的日期，否则套利者要平仓，导致价格不能反映信息。从理论上说，考虑问题的时间跨度越长，他们越主动，越有可能把资产的价格保持在基本价值附近，市场也就越有效率。时间越长的套利者越有时间和机会将资产变现，以分散一些风险，如果价格能回到平均价格水平，他们还有机会获利，所以市场也更稳定。同时他们也认为有限交易期限导致价格不是有效，因为直到事件期限足够近的时候，信息交易者才会按照他们的信息来交易。在事件发生之前，他们不会太早卷进套利中。当信息交易者发现套利成本太高时，私有信息不会对价格产生影响。第一个套利者的决定取决于他对后面套利者的决定的预期。De Long，Shleifer，Summer 等（1990a）指出从相对于噪音交易者的错误估价来说，套利者持有证券的时间如果长于前者维持错误心态的时间，市场还可以在套利者的控制之下，如果短于这一时间，套利者将受制于噪音交易者的错误。而且现实中委托代理问题很普遍，普通投资者可以根据套利者的业绩收回资金，从而导致套利者的期限提前到期。当然套利者可以通过合同锁定期限，但是在实际当中，这样合同的比例很小，因此套利还是不可避免受到了限制。

在上述 3 个套利者自身局限性存在的情况下，标准金融的观点"套利者一旦发现套利机会，马上进行套利活动"，这个策略，就不一定正确，冲动的套利行为有可能导致套利者被清算出局。

总之，同现代金融理论中的"完美套利"相比，现实市场的套利行为受到很多条件的约束，包括市场的不完备性、各种风险限制和自身的局限。这些约束使完美套利转变成有限套利，而有限套利在短期内消除不了金融异象，导致了资产价格泡沫或者金融危机。因此有限套利理论为金融资产价格偏差的长期存在提供了更为合理的解释，也为行为资产定价理论提供了理论基础。

三、行为资产定价基础：心理实验与神经医学实验

（一）心理实验

投资者情绪的心理实验研究主要是指以心理学理论为基础，采用调查或者实验方法考察投资者情绪是否影响人的判断与决策。在早期，Keynes（1936）认为专业投资就像那些新闻竞选，竞争者不得不从一百个照片中挑选出六个最漂亮的面孔，奖励将会给予那些最接近平均偏好选择的竞争者。不是那些自以为最漂亮的面孔，而是那些最可能受其他竞争者喜欢的面孔。这就是 Keynes（1936）基于心理预期和高阶信念提出的股市选美理论，该理论认为决定投资者行为的主要因素是心理因素。

Burrell（1951）发表了以实验方法进行投资者研究的可能性的论文，提出了构造实验来检验理论的思路，由此开拓了一个将量化的投资模型与人的行为特征相结合的金融新领域。此后大量的文献聚焦于心理实验。Edwards（1968）认为保守的投资者会对新证据反应不足，甚至完全忽略，他们仍然依据以往的收益坚持自己的信念。1972年，心理学家Slovic从心理学角度详细研究投资决策过程，总结了人类判断的心理学研究对投资决策的意义。Kahneman 和 Tversky（1973）的实验结果表明，当决策者面临不确定决策时，其实际决策准则与贝叶斯决策准则有显著的差别。贝叶斯定理表明，所提供新的证据结果越多越可靠，它对新计算的概率影响也越大，但是在 Kahneman 和 Tversky（1973）所做的实验中，主体的估计和新证据的可靠性无关，甚至完全不受到先验概率的影响。基于人们对盈亏、发生几率高低等条件的不对称心理效用，Kahneman 和 Tversky（1979）提出了前景理论，该理论认为每个人基于初始状况（参考点位置）的不同，对风险会有不同的态度。

随着研究的深入，众多学者发现情绪对人们行为有重要的影响。Arkes, Herren, Isen（1988），Bower（1981，1991），Wright, Bower（1992）等等，这些心理学文献揭示了人们的当前情绪影响他们对未来事件的判断，这类研究的主要研究结论为：有乐观情绪的人会做出乐观的判断和选择，而有悲观情绪的人更倾向于做出悲观的判断和选择。Isen, Shalker 和 Clark 等（1978），Schwarz 和 Bless（1996）的研究表明当人们拥有好情绪

时，人们更倾向于采用简单的启发式来辅助决策，在信息处理中较少采用批评的方式，而当人们拥有坏情绪时，存在较普遍的错误归因效应。Wright（1992）发现当人们拥有好情绪时，对正面信息所作出的反应更加明显，会对许多事情给予积极的评价，反之，当人们拥有坏情绪时，往往对负面信息反应更加明显。Forgas（1995）指出人是依赖情绪进行决策的，而且决策的复杂性和不确定性越大，情绪在决策制定中的作用也就越大。

与传统最优决策模型不同的是，Loewenstein（2000）发现决策时的投资者情绪波动影响投资者对股票价值的评估，导致投资者倾向于做出满意决策而非最优决策，也就是投资者情绪使得决策行为偏离了最优决策模型。进一步，Loewenstein，Weber 和 Hsee 等（2001）发现情绪与人类判断和行为存在着联系，投资者的投资决策受情绪波动的影响，而且在涉及风险和不确定性时，情绪的影响更加显著。

著名的资本资产定价模型认为金融资产的收益与风险具有正相关的关系，而金融实验结果却恰恰与之相反。Ganzach（2000）的小样本心理实验显示投资者的判断往往表现为高收益和低风险同时并存的情况，即主观收益与认知风险往往呈现负相关关系。为了考察 Ganzach（2000）的实验稳健性，Statman，Fisher 和 Anginer（2008）做了类似的一个大样本调查实验，这个调查实验的结论也同样支持主观收益与认知风险负相关这一判断。Shefrin（2001）检验了主观预期风险与收益间的关系，其金融实验结果同样支持认知风险与认知期望收益为负相关的结论。

投资者对风险的度量与经典的方差度量也相差很远。杨春鹏（2008）检验了中国个体投资者在金融决策环境下的认知风险，其金融实验结果表明中国个体投资者对风险的度量采用亏损概率或下偏距的度量方式，而不是采用传统的方差度量方式。可见，投资者情绪以这种形式直接影响到了投资者对金融资产的风险判断。

这些研究成果无疑都为行为金融学的发展奠定了基础，正如 Kaufmann 和 Vosburg（1997）所说，心理在解决问题的过程中扮演了重要的角色，人们的心理、情绪会影响他们对未来事件的判断。

（二）神经医学实验

虽然早期有一些对人类心理和行为的研究，然而在没有大脑功能技术检验的情况下，大脑仍然是一个谜团。随着高科技脑成像技术的发展和日趋成熟，神经经济学（Neuroeconomics）诞生于20世纪90年代中晚期。神经经济学主要运用功能成像技术、正电子发射断层扫描和事件相关电位等方法分析人类的脑组织对主体情感及各类经济活动和决策的影响机制。

Seo和Balrett（2007）指出神经经济学对情绪检验问题的研究也是非常重要，因为它为情绪提供了一类生物学基础。Sutton，Davidson和Donzella等（1997）采用正电子发射断层扫描技术进行实验，实验结果表明前额叶皮层（PFC）的不对称性与不同的情绪与行为形式相关，也就是左侧前额叶皮层区域与积极情绪和趋近行为相关，右侧区域与消极情绪和退缩行为相关。Beauregard，Levesque和Bourgouin（2001）的研究也支持这一观点。Rusch，Abercrombie和Terrence等（2001）发现在控制组和抑郁被试中，右边和全部的海马体积与特质焦虑正相关。采用FMRI技术，Breiter，Aharon和Kahneman等（2001）研究在不确定情况下人对金钱收益和损失的期望及经验的反应，研究结果表明随着赌博期望值的增加，在基底核和扣带回的活动也增加，并且右半球对收益更活跃，而左半球对损失更活跃。McCabe，Houser和Ryan等（2001）用fMRI技术研究实验室游戏情景中人的竞争和合作行为，结果发现合作者在前额叶的活动强度比非竞争者大。采用fMRI和ERP神经科学研究工具，Hsu，Bhatt和Adolphs（2005），Rossignol，PhiliPPot和Douilliez发现情绪对决策具有重要的影响。

传统的看法认为情绪和理性之间是矛盾的。Damasio（1994）研究了大脑皮层前沿中枢损坏的病人，他们发现这种损坏不会影响到病人的智力、记忆和逻辑思维功能，但是会伤害到感知的能力。其实验结果表明决策制定中情感的缺乏会削弱人们做出决策的能力，情绪是理性的一个重要组成因素。Damasio（1994）对情绪和理性是矛盾的看法提出了质疑，并认为情绪可以协助推理过程，而不是一定会干扰这一过程。

综上，无论是心理学和行为学实验还是神经医学实验，都验证了情绪对投资者行为决策具有重要的影响，而这些影响又导致资产价格发生波动，也就是情绪对资产价格具有重要的影响。

四、行为资产定价模型综述

以上述的有限套利理论和心理学研究成果为基础，行为金融资产定价理论始于行为金融学产生之后的大约20世纪80年代里，由于行为金融学对金融异象的有力解释而逐渐得到学术界的认可,成为标准金融理论的有效补充。根据投资者的非理性的表现形式,行为资产定价模型分为基于噪音的资产定价模型,基于偏差的资产定价模型和基于情绪的资产定价模型。

(一) 基于噪音的资产定价模型

传统金融理论认为交易者是随机交易的,因此噪音会被彼此抵消。即使噪音交易者的交易行为不是随机的,但存在大量理性套利者,其套利行为会消除噪音。但是上述2.2节阐述的有限套利理论指出套利者的行为并不能够做到标准金融所描述的瞬间消除错误定价,因此噪音会对资产的价格有所影响。

在早期,Kyle (1985) 把市场的投资者分为三类,知情交易者,不知情的噪音交易者,以及风险中性的做市商。在动态的背景下,知情者利用他的垄断势力获取正的收益,噪音交易者随机地进行交易,而做市商在拥有其他交易者交易信息的条件下有效地确实价格。Black (1986) 对噪音的作用做了系统性的描述,他认为噪音使得市场上交易能够成功,也就是提供了市场流动性。噪音使得市场变成不是有效市场,同时阻止套利者利用市场无效来获利。这些论述为以后的研究提供了研究思路。

噪音资产定价理论成果以 De Long, Shleifer, Summer 等 (1990a) 提出的 DSSW 噪音交易模型为代表。他们认为 Friedman (1953) 的市场选择观点不完备,噪音交易者和套利者同样面临风险时,他们各自的预期收益率将依赖于各自的风险承受能力和市场给予他们的风险补偿。De Long, Shleifer, Summer 等 (1990b) 在研究正反馈噪音交易者时指出,套利者宁愿和噪音交易者一起行动,而不是反对他们。另外 De Long, Shleifer, Summer 等 (1991), Palomino (1996), Kyle, Wang, Kogan, Stephen, Wang 等 (2006), Yan (2008) 和 Yan (2010) 建立的模型较好地说明了噪音交易者的长期生存能力问题,因此噪音交易者并没有被市场所剔除,甚至有可能越来愈多,可见噪音交易风险是一种系统性风险。

在 DSSW 模型的基础上,众多学者进行了大量的后续研究。例如 Palomino (1996) 把 DSSW 模型中的完全竞争条件放宽到不完全竞争条件上,其模型显示承受着高风险的噪声交易者不仅可以获得更高的预期收益,而且还可以得到更高的预期效用,因此可以长期存在于市场。Bhushan,

Brown 和 Mello（1997）认为在 DSSW 模型中决定套利限制的投资期限问题的理论假设，尽管在该模型中是至关重要的假设，但其实并非必要。

Trueman（1988），Dow 和 Gorton（1997）从委托代理的角度展开对噪音交易的研究。Trueman（1988）的研究结论显示，投资者对投资管理人在第一期的交易行为有一个包含噪声交易的事前臆测，在均衡情况下，这些臆测都将变成现实，即这些猜测是自我实现的（self–fulfilling）。Dow 和 Gorton（1997）在考虑更多因素之后证明了一个包含噪声交易的均衡是存在的。

国内方面，基于噪音的研究主要还有王美今和孙建军（2004）、张乐和李好好（2008）、张永杰，张维和金曦（2009）、张强和杨淑娥（2009）、陈其安，赖琴云和陈亮等（2010）等等。

（二）基于偏差的资产定价模型

20 世纪七八十年代，金融市场上投资者行为偏差呈现，传统的经济学理论无法有效合理解释这一现象，学者们开始尝试着将认知心理分析方法运用于市场行为的研究当中，从投资者认知心理的角度研究证券市场上投资者的一些异常行为。Kahnaman 和 Tversky 通过实验发现人们对收益和损失时的决策是不一致的，损失带来更大的心理影响，并发现启发式偏差和框定依赖偏差。另外，Shefrin 和 Statman（1994）认为噪音交易者的作用主要取决于他们犯的认知错误的类型。这个观点和认知心理的丰富成果促使很多学者转向研究特定类型的认知偏差的资产定价模型。

在承认 DSSW 模型的噪音风险会导致有限套利的前提下，Barberis, Shleffer 和 Vishny（1998）不再讨论套利为什么不能消除错误定价，而是基于选择性偏差和保守性偏差提出了 BSV 模型。Barberis, Shleffer 和 Vishny（1998）认为投资者进行投资决策时存在两种认知偏差。第一种偏差是选择性偏差（representative bias），例如投资者过分重视近期数据的变化模式，而对产生这些数据的总体特征不够重视。另一种是保守性偏差（conservation），即投资者不能及时根据变化了的情况修正预测模型。这两种偏差常常导致投资者产生反应不足或者反应过度的错误决策。

这类研究还包括 Daniel, Hirsheifer 和 Subramanyam（1998）的 DHS 模型、Hong, Stein（1999）的 HS 模型和 Barberis, Huang, 和 Santos（2001）的 BHS 模型，Hong, Mehra 和 Sah（2000），Scheinkman 和 Xiong（2006）

等等。国内方面，一些学者基于投资者认知偏差在模型和实证两方面做了发展性研究，这些研究有董梁，李心丹，茅宁（2004）、熊虎，孟卫东，周孝华（2007）、张永杰，张维，金曦（2009）、许年行，洪涛，吴世农等（2011）、许年行，江轩宇，伊志宏等（2012）等。这些模型的比较结果汇总于表2－1。虽然这些模型都可以解释部分金融市场的异象，但是认知偏差种类繁多，而且相互之间有重叠性，造成实证检验的困难。

表 2 －1　　　　　　　著名的基于投资者偏差资产定价模型

模型简称	模型的假设	认知偏差的类型	模型结论
BAPM（1994）	异质性投资者：噪音交易者和信息交易者	低估基础利率信息和概率误导	证券的预期收益是由其行为贝塔决定的，解释了价格偏离价值现象
BSV（1998）	代表性投资者	代表性偏差、保守型偏差	得到价格的过程表达式，解释了短期惯性现象和长期反转现象
DHS（1998）	异质市场，信息分为私人信息和公开信息	对私人信息精度表现出过度自信、自我归因偏差	得到价格的数学期望表达式，解释了短期惯性现象和长期反转现象
HS（1999）	异质性投资者：信息挖掘者和惯性交易者	信息挖掘者的保守思维，惯性交易者的代表性偏差	得到价格的过程表达式，解释了短期惯性现象和长期反转现象
BHS（2001）	代表性投资者	损失厌恶、私房钱效应	以基于消费的资本资产定价模型为基础，解释了短期惯性现象和长期反转现象

（三）基于投资者情绪的资产定价模型

前文第三点已经总结了心理、情绪对行为的影响，因此从投资者情绪的角度出发，研究其对资产价格产生的重大影响，有深厚的理论基础。目前对基于投资者情绪的资产定价模型的研究正蓬勃发展，这类研究包括Lawrence，McCabe 和 Prakash（2007）提出的基于情绪的 DDM 模型，Shu（2010），Liang（2011）提出的基于情绪的 CCAPM 模型，Mendel 和 Shleifer（2011）提出的追逐噪音模型，Yang 和 Yan（2011）基于投资者情绪建立了情绪跨期迭代模型，Yang，Xie 和 Yan（2012）基于投资组合理论建立了情绪资本资产定价模型，以及 Yang 和 Zhang（2013）建立的基于投资者情绪的静态资产定价模型等。

Lawrence，McCabe 和 Prakash（2007）依据 DDM 模型提出的基于情绪的股票定价模型。该模型放松了理性人假设，假设投资者受情绪影响，并依据 CAPM 模型得到受情绪影响的收益率。另外情绪投资者对未来的股息增长率含有主观的看法，结合上述收益率，得到基于情绪的 DDM 模型。该模型解释了高波动率、高成交量和股市泡沫等金融异象。但是 DDM 模型本身就存在难以估计模型参数以及难以实证的缺陷。

Shu（2010）在 Lucas 模型（1978）的基础上考虑了投资者情绪对风险偏好和贴现因子等的影响，并建立了基于投资者情绪的资产定价模型。该模型展示了投资者情绪如何影响均衡资产价格和预期收益。其分析结果表明股票和债券价格和投资者情绪正相关，预期资产收益与情绪负相关。在情绪高涨时，情绪对资产价格的影响增加。相对于债券市场，情绪变化对股票市场有更大的影响。

Liang（2011）把心理加入到 Lucas（1978）的框架，构建了基于消费者情绪的资产定价模型。在模型中，消费效用和情绪联合决定了代表人的最优投资消费分配，在动态均衡时情绪进入欧拉方程和随机贴现因子。他们的模型显示，市场范围的情绪在动态均衡时进入随机贴现因子中，并且除了消费风险，变动的市场心理是反周期的系统性因子。因此股权溢价反映一个心理风险，并包含情绪溢价。在考虑存在异质性情绪时，模型产生了价格泡沫、证券发行的市场时机和资产交易等现象。他们的实证结果表明在包含了市场溢价因子，规模因子，账面市值比因子，动量因子和流动性风险因子的控制变量之下，消费者情绪导致了正的横截面定价溢价。消费者情绪把 1978－2009 年的隐含风险厌恶水平降低到 11.43。

在 Grossman 和 Stiglitz 的模型框架下，Mendel 和 Shleifer（2011）建立了受情绪影响的追逐噪音模型（SGS）。模型基本的思想是考虑三种投资者，少数的知情者（insider，理性的），少数的噪音交易者（noise trader），极大多数的理性不知情者（outsider）。理性不知情者的困境：1. 想追随知情者，但只知道价格不知道信息，想追随知情者交易导致的价格增加。2. 想与由情绪影响的噪音交易者对赌，想在上升的市场中卖出，做相反投资，但只知道价格。这两个动机哪个占主导地位？他们会不会迷惑并追随噪音交易者？Mendel 和 Shleifer 通过模型的论证给出的答案是他们偶尔会迷惑并追随噪音交易者，而且由于知情者数量很少，当理性投资者追随噪音交易者时，放大了情绪冲击以及使得价格远离基础价值，因此情绪对价格的影响很大。在模型中，噪音交易者对市场均衡有个与噪音交易者数量不成比例的影响。这个模型对在 2007 春季中令人惊讶的低风险的市场价格提供一个部分解释。该模型表明了具有巨大数量的理性投资者的这个相互作用如何维持错误价格。

Yang 和 Yan（2011）基于 DSSW 模型建立了情绪跨期迭代模型（SDSSW）。该模型指出当情绪高涨并超过某一临界值时，资产具有负的超额收益及正的情绪泡沫；当情绪高涨但低于该临界值时，资产具有正的超额收益及负的情绪泡沫。杨春鹏和闫伟（2012）构建单向情绪投资者认知价格理论模型和双向情绪投资者认知价格理论模型，他们发现在市场上正向情绪投资者与负向情绪投资者综合作用时，正向情绪投资者数量的增加将导致市场平均情绪水平高涨，并最终推高资产价格。

Yang，Xie 和 Yan（2012）基于投资组合理论建立了情绪资本资产定价模型。该模型表明投资者情绪是资产价格的重要系统因子，而且是非线性因子。模型对投资者之间的超额交易给出了部分解释。

Yang 和 Zhang（2013）在基于消费的资产定价模型中考虑投资者情绪的作用，建立了静态资产定价模型。静态定价模型表明均衡价格可以分解成理性部分和情绪部分，从而投资者情绪对资产价格有重要的影响。在模型中情绪部分具有财富加权的结构，也就是投资者的财富可以放大情绪冲击。静态模型对资产搬家，价格泡沫和价格的高波动性给出了一部分解释。

李进芳（2014）以 Las Tvede（2008）提出的"情绪加速器"概念为基础，在带信息的投资者情绪资产定价模型中探讨中国股票市场的情绪加速器效应。研究结果对金融异象给出了很好的解释，比如股指收益的均值回归，中国股市的"缓升陡降"特征等。

胡昌生等人（2017）构建了一个投机者对具有反馈交易特征的非理性投资者进行信息推断和交易诱导的情绪反馈模型，对投机者的需求函数、资产价格的稳定性及时间序列特征进行了讨论。研究结果表明：1. 投机者同时具有套利需求和投机需求，当市场中"噪音"不足时，投机者会主动地制造"噪音"，诱导非理性投资者；2. 投机者对非理性投资者的诱导行为可导致资产价格的过度波动；3. 基本面交易者具有稳定市场的作用，并决定了不同市场动量的强弱。该研究为理解金融市场中的价格操纵行为和复杂性提供了参考。

基于投资者情绪的资产定价模型的已有研究汇总在表2-2中。综上所述，尽管国内外学者对投资者情绪的影响展开了深入的研究，他们相继提出的静态模型和动态模型解释了股价泡沫、高波动性等金融异象，从不同的角度丰富了情绪资产定价理论，但是对异质性情绪的相互作用，投资者情绪对资产价格的长期影响力，收益均值反转等问题的研究尚未开展。

表2-2　　　　　　　　基于投资者情绪的资产定价模型

模型简称	模型优点	模型不足
SDDM（2007）	解释了高波动率、高成交量和股市泡沫等金融异象	股息难以预测，投资者是同质的
SCCAPM（2010，2011，2013）	解释了股权溢价之谜、价格泡沫、证券发行的市场时机和资产交易等现象	模型适用于长期和动态，在短期由于消费惯性，投资者并不会改变消费量
SGS（2011）	说明了具有巨大数量的理性投资者的相互作用如何维持错误价格	该静态模型只针对理性投资者犯错误的情况，局限于2007春季的异象
SDSSW（2011）	说明投资者情绪存在一个临界值，当情绪高涨并大于该临界值时，资产具有负的超额收益及正的情绪泡沫	临界值难以确定
SCAPM（2012）	说明资产价格是关于投资者情绪非线性因子	单期模型，同质投资者

五、投资者情绪与股票收益的实证研究概述

大量实证研究发现股票收益率的很多变化不是由市场风险引起，而与上市公司的相关特征，如规模（Banz，1981）和收益价格比（Basu，1983）等有关。这些现象也被称为股票市场的异象。Fama和French（1998）还发现在其他国家的资本市场中也存在类似异象。在传统的CAPM受到实证研究的困扰之后，Fama和French（1993）提出了三因子模型，其实证研究表明三因子模型的拟合优度高达90%以上，而且其回归系数的t统计量也相当显著。在过去的二十年里，三因素模型已逐步取代了传统的单因素模

型，但依然受到学者的质疑。例如三因素模型不能解释短期收益的动量效应的。Jegadeesh 和 Titman（1993），Carhart（1997）在三因素模型的基础上，根据动量效应构建了动量因子，他们采用四因子模型进行回归分析，其结果表明动量因子使得回归模型在解释动量策略的盈利性能力得到加强。

不管是三因子模型还是后来发展的四因子模型，都没有 CAPM 模型的完善的机理，它们更多的是实证发现的结果，模型中的市值因子和账面市值比因子等因子反映系统风险在理性定价的框架下还缺乏一定理论基础。依据心理行为的实验结果和神经医学的结论，行为金融的研究者开始从投资者情绪的角度出发，构建投资者情绪因子，从实证角度研究情绪因子对股票收益的影响。

在实证方面，国内外学者们目前从四个效应和四个维度展开对情绪因子与股票收益的联动性的研究。四个效应是指总体效应、横截面效应、个体效应和危机效应，危机效应是总体效应的一种极端情况，四个效应主要是考察投资者情绪对投资对象的总体影响、横截面影响和个体影响和危机影响。四个维度是指投资主体维度、外部维度、时间维度和空间维度。四个维度主要是从不同的投资主体、外部影响因素、不同时间和不同市场之间的影响考察投资者情绪的作用。

（一）四个效应

1. 总体效应

总体效应，是指投资者情绪对于股票市场所产生的系统性影响。Brown 和 Cliff（2004）的研究表明投资者情绪和近期市场收益是相关的，股票市场近期历史收益率是情绪的重要解释变量。虽然情绪水平和情绪变化和同期的市场收益是高度相关，但是投资者情绪对未来的短期股票收益不存在预测能力。他们的实证研究并不支持情绪只影响个人投资者和小股票的观点，也就是说机构情绪和大股票同样有很强的相关性。使用调查数据，Brown 和 Cliff（2005）研究情绪对市场收益的长期影响效应，发现情绪与资产误定价正相关，与未来多年的收益负相关。这个结果在增加了预测股票收益的其他变量之后还是稳健的。类似的研究还有 Lee，Jiang 和 Indro（2002），王美今和孙建军（2004），张强和杨淑娥（2009）等等。

2. 横截面效应

横截面效应是指投资者情绪对不同类别股票或者企业的差异性影响。

这方面的研究包括 Barberis, Shleifer 和 Wurgler（2005）, Baker 和 Wurgler（2006, 2012）, Kumar 和 Lee（2006）, Stambaugh and Yuan（2015）, Stambaugh, Yu, and Yuan（2014, 2015）等等。Barberis, Shleifer 和 Wurgler（2005）在一项关于不同股票间联动性的研究中发现，当一只股票被纳入 S&P 500 指数时，该股票与 S&P 500 指数的贝塔值升高，而与未包含在 S&P 500 指数股票的贝塔值降低。也就是说这种联动是由于投资者情绪或市场摩擦因素所引起，而不是基本面因素所导致。Baker 和 Wurgler（2006）采用封闭式基金折价率、换手率、IPO 数量、IPO 首日收益率、新股发行占比和分红六个年数据，采用主成分分析构造了投资者情绪综合指标。其实证研究表明容易被主观估价、高投机和难套利的股票对情绪更加敏感。Kumar 和 Lee（2006）在 Carhart（1997）四因子模型的基础上，提出了包含投资者情绪因子的五因子模型，其中情绪因子是买卖不均衡因子。他们的研究表明小盘股的股票收益率受到情绪的显著影响，而且情绪因子对收益率具有预测作用。Stambaugh, Yu, and Yuan（2014, 2015）调查市场情绪在横截面股票收益的众多异象当中起到的影响。Stambaugh and Yuan（2015）基于市场因子和市值因子的异象混合了两个新的错误定价因子，并提出了四因子模型，其研究结果表明此四因子模型具有产生更广泛异象的能力，而且其能力超越了 Fama and French（2015）五因子模型。周丽云（2017）以 Shiller（2011, 2014）的"人性金融"概念为基础，分别以投资者情绪和投资者拥挤交易行为刻画金融市场中投资者的真实想法和真实行为，探讨投资者真实想法与行为对资产价格的影响，从投资者情绪和投资者拥挤交易行为角度解释股价过度反应、反应不足和套利有限性等金融异象，并实证检验投资者情绪和投资者拥挤交易行为对股票价格的总体效应和横截面效应。

另外，众多研究表明如果公司名称具有某种能够激发乐观情绪的特征，那么具有该特征的公司股票能够获得超额收益。例如名称听起来更顺口的公司（Borges, Goldstein 和 Ortmann 等，1999；Alter 和 Oppenheimer, 2006；Andersson 和 Rakow，2007），名称更具爱国性的公司（Benos 和 Jochec，2009），名称更具流行性的公司（Cooper, Gulen 和 Rau, 2005），及其他名称的公司（Aspara, Tikkanen, 2008；Statman, Fisher 和 Anginer, 2010；Aspara 和 Tikkanen, 2010）。Cooper, Dimitrov 和 Rau（2001）以及 Lee（2001）都发现，即使业务并没有什么变化，将名字改为".com"的

公司在公布日之后的 10 天左右就能够获得了正的 74% 的异常收益。但名称对情绪的影响有时也会反转，例如 Cooper，Khorana 和 Osobov 等（2005）发现，在 21 世纪初的萧条年代，有着 ".com" 名字的公司获得的是负面感情，反而在那段时期公司将名字由 ".com" 改为惯用名可以获得正的异常收益。Hong 和 Kacperczyk（2009）发现，相对于其他公司的股票，那些与烟草、酒精和游戏有关的股票有着更高的收益。相似的，Statman 和 Glushkov（2009）发现，相对于其他公司股票而言，与烟草、酒精、游戏、火器、军售以及核工业有关的公司股票有着更高的收益。Bae 和 Wang（2010）研究发现在美国上市的名称中带有"中国"字样的股票具有超额收益，而这超额收益与公司特征、风险及流动性没有任何关系，也就说明了美国投资者的乐观情绪推动了这类股票价格的上涨。

国内类似的研究有刘力和田雅静（2004），赵静梅和吴风云（2009）等等。以 1999 年至 2001 年发生股票名称变更的 148 家上市公司为样本，刘力和田雅静（2004）研究了股票名称变更对股价的短期影响。他们发现不具有任何经济意义也不向市场传递任何新信息的公司股票名称变更事件会引起股票价格的显著波动。赵静梅和吴风云（2009）发现股票代码尾数为 8 的股票的市盈率较高，说明投资者对吉利数字的崇拜。

黄宏斌等人（2016）放松企业资金需求同质性假设，动态考察投资者情绪变化对不同生命周期企业融资选择及融资约束缓解效应的影响。研究发现：不同生命周期企业融资约束状态不同，利用高涨投资者情绪缓解融资约束的程度及途径均存有差异：成长期企业融资约束程度最大，利用投资者情绪择时融资以缓解融资约束的程度也最强，衰退期企业次之，成熟期企业最小；高涨的投资者情绪改变了企业的外部融资环境和相对成本，各生命周期企业均会利用投资者情绪变化选取最适宜自身的融资方式：处于生命周期各阶段的企业均会利用投资者的高涨情绪进行信贷融资以缓解融资约束，而相对衰退期企业，成长期企业更偏好利用股权融资缓解融资约束，成熟期企业更偏好利用债券融资缓解融资约束。因此，投资者情绪不仅对生命周期影响企业融资约束具有调节效应，而且对企业生命周期影响融资方式的选择也具有调节效应。

3. 个体效应

个体效应（individual stock effects）是指投资者情绪对单一股票收益的个体影响。已有研究普遍从总体效应和横截面效应两个角度，考察市场情绪与股指收益或者股票组合收益之间的关系，但 Blume，Crockett 和 Friend（1974）指出在实际投资中，个人投资者由于资金短缺的问题，很少购买具有某种横截面特征的股票组合或者市场指数，投资者所持有投资组合的分散程度大大低于经典理论的建议。因此投资者更关注的是情绪是否影响个股收益。即使同样是小盘股，由于公司的异质性、经营环境的差异性和复杂性等，股票组合中可能存在"黑天鹅"。目前从个体效应角度展开的研究还较少。Kumar 和 Lee（2006）使用市场交易数据构建了个股的买卖不均衡指标（BSI），在此基础之上构建了组合 BSI。但是他们的研究侧重于投资组合与组合 BSI 之间的联动性，并没有探讨个体效应。使用衍生品市场交易数据，Burghardt，Czink 和 Riordan（2008）构建了德国 DAX 指数成份股中每只股票的日情绪指数。为了研究不同情绪水平对收益的影响，他们将 30 只成分股按照其情绪值排序，形成高、中和低三种不同情绪值的投资组合，并计算各组合次日的平均收益率。实证结果表明在平均意义上低情绪股票的组合较高情绪投资组合具有显著的超额收益。

4. 危机效应

危机效应是指从股市危机角度研究投资者情绪对极端的股市行情的影响，是属于总体效应的一种极端情况。由于股市危机的巨大破坏性，投资者情绪的危机效应成为研究热点。部分学者（White，1990；De Long and Shleifer，1991；Shiller，2000）认为投资者情绪波动能够成为解释金融危机的重要因子，但是没有进行更详细分析。只有两个研究（Siegel，1992，Baur 等人，1996）是探讨情绪指标与 1987 年美国股市危机之间联系。在国外只有 Zouaoui 等人（2011）检验投资者情绪对一年内发生股市危机的预测能力。在国内，蒋致远、吕海英和朱名军（2013）运用动态因子模型（DFM）发现过度高涨的市场情绪会增加危机及临界点发生的风险。李昊洋等人（2017）实证分析了投资者情绪对股价崩盘风险的影响。研究发现：无论是市场层面还是公司层面，投资者情绪及其波动性的增加会显著加剧股价的崩盘风险；进一步，投资者情绪通过影响股价同步性，进而对股价崩盘风险产生影响，主要表现为市场层面投资者情绪会显著增加股价同步性，而公司层面投资者情绪的影响并不明显；区分投资者类型后发现，在一定情绪环境下，机构投资者交易行为对股价崩盘风险影响更大。

（二）四个维度

投资主体维度，主要从不同投资主体角度展开不同的投资者情绪对股价的影响。例如把投资者情绪细分为个人投资者情绪与机构投资者情绪，以此来研究两者对于股票收益的影响。采用灰色市场 1995 年至 2002 年欧洲 12 国的 2723 次 IPO 的价格作为个人投资者情绪的代理变量，Cornelli, Goldreich 和 Ljungqvist（2006）发现当个人投资者对市场过于乐观时，他们出价就会高于股票基本价值。使用欧洲权证交易所的交易数据，Burghardt, Czink 和 Riordan（2008）构造散户情绪指数，其实证结果表明散户情绪指数与市场收益负相关，能够较大比例地解释收益时间序列的方差，而且可以较好地预测未来的价格。使用直接调查数据，Schmeling（2007）测度了个人投资者情绪与机构投资者情绪，其实证结果表明个人和机构的情绪都对股票市场存在影响，其中机构投资者情绪能正确预测股票市场收益，个人投资者情绪反向预测了市场趋势。池丽旭和庄新田（2011）基于资金流量的情绪指标构建了个人投资者情绪，并采用面板数据模型对个人投资者情绪与股票收益的关系进行研究，他们的结果表明个人投资者情绪对股票收益具有显著影响。类似的研究还有 Kumar 和 Lee（2006），张强，杨淑娥和杨红（2007），Kling 和 Gao（2008），Verma R. 和 Verma P.。

  外部维度主要是指从外部影响因素（信念、传统媒体和网络媒体等）来考察投资者情绪对股价的作用。游家兴和吴静（2012）借用传播学媒介效果研究中的"沉默的螺旋"理论，以金融市场上长期存在的异象——资产误定价为切入点，首次从媒体情绪的视角研究新闻媒体对金融市场运转可能存在的负面效应。通过运用文本内容分析方法，从报道基调、曝光程度、关注水平三个维度构建了衡量媒体情绪指数的综合评价指标体系。在此基础上，对媒体情绪和资产误定价二者关系展开细致考察。研究发现，当新闻报道所传递出的媒体情绪越高涨或越低落时，股票价格越有可能偏离基本价值水平。并且，当公司信息透明度越低时，媒体情绪对资产误定价的影响越显著。进一步的研究表明，媒体传递的情绪不同，其对资产误定价的影响存在不对称性，乐观的媒体情绪更容易推动价格向上偏离基本价值，导致股价泡沫产生。汪昌云和武佳薇（2015）利用 IPO 公司在上市前不同时间段内主流财经媒体报道中的正负面词汇数据，构建了媒体语气这一度量公司层面投资者情绪的代理变量，从个股层面检验投资者情绪对 IPO 抑价率的影响。研究结果表明，相比正面媒体语气，负面媒体语气能够更好地解释 IPO 抑价率、首日换手率以及超募比例。具体而言，负面媒体语气与 IPO 抑价率、IPO 超募资金比例以及承销商费用占比均显著负相关：负面语气每下降1%，IPO 抑价率上升0.22%，超募资金比例提高0.13%，承销商费用占比上升1.44%。另外，发行公司和承销商有动机和激励通过媒体推介 IPO 公司，引导、煽动投资者情绪，从而厘清投资者情绪的影响因素以及其作用于资产价格的渠道。张宗新和王海亮（2013）本书通过构建数理模型，论证投资者情绪、主观信念调整和市场波动之间的内在机理。在研究过程中，引入主观信念变量，通过理论建模和实证研究对投资者情绪和市场波动机制进行解析，对主观信念调整引致的市场异常波动路径进行刻画，即建立了"信念调整→投资者情绪→市场波动"的逻辑分析框架。实证结果表明，投资者情绪对信念存在正面冲击，不同信息偏好将导致不同的情绪波动频率，对基本面信息的偏好往往更有助于情绪稳定，投资者情绪对市场收益率和波动率存在显著的正面冲击。

时间维度是指从不同的期间和不同的时间频率考察投资者情绪对股市影响。一个是以不同频率考察投资者情绪对于收益的当期、短期、中期和长期影响，例如伍燕然和韩立岩（2007），Burghardt, Czink 和 Riordan（2008），Hengelbrock, Theissen 和 Westheide（2011）等等。使用调查的投资者情绪，Hengelbrock, Theissen 和 Westheide（2011）考察了投资者情绪对资产价格的影响，研究结果表明在极短期投资者情绪对价格有预测能力。谢军，杨春鹏和闫伟（2012）发现在高频环境下，股指期货市场当中投资者情绪是股指期货定价的重要系统性因子，投资者情绪对股指期货收益有显著的正向影响，并且投资者情绪对股指期货各合约的冲击表现出明显的日内效应。

另外一个是以不同时间区间考察投资者情绪对于收益的影响，一般分为牛熊市区间、情绪高涨低落区间或者极端投资者情绪区间。例如 Kurov（2010），Gao, Yu 和 Yuan（2012），Yu 和 Yuan（2011）。Yu 和 Yuan（2011）使用混频数据模型研究投资者情绪对市场均值—方差均衡的影响时，发现在低情绪时期，预期收益与条件方差正相关，在高情绪时期，这种关系显著降低并趋于零，而且模型在加入投资者情绪之后，使得模型的拟合优度从0.4%增加到2.9%。高大良等人（2015）研究了投资者情绪对股市平均相关性－收益关系的影响。实证结果表明，相比于股市波动，平均相关性对股市预期收益的解释能力明显增强，并且在低情绪期，平均相关性－收益之间的关系并不显著，而在高情绪期，平均相关性－收益关系被削弱为显著的负相关关系,这表明高情绪会削弱总体风险-收益关系。这一结论在随后的稳健性检验中被证明是稳健的。董孝伍和张信东(2017)通过构造投资者综合情绪指数,把投资者情绪划分为高涨期、低迷期和复苏期,基此考察高涨和低迷两种极端情绪对市场均值-方差关系的影响。结果显示:全样本期(2003.01 至 2016.06),等权市场收益和流通市值加权收益与方差之间均不存在显著的相关关系;情绪高涨期,等权市场收益与方差之间存在显著的正向关系;情绪低迷期,流通市值加权收益与方差之间存在显著的负向关系。研究结论表明投资者情绪确实对市场均值-方差关系产生影响,而且投资者情绪在高涨期和低迷期对小盘股和权重股的影响也存在差异。

空间维度是指对不同空间的市场考察投资者情绪对股市的影响。Schmeling(2009)采用消费者信心指数构建个人投资者情绪,通过 18 个工业化国家的面板数据,考察了个人投资者情绪是否影响了股票预期收益。其实证结果表明平均而言情绪反向预测了股票市场总体收益,情绪高涨时未来的收益会较低,反之较高。这种关系对于不同类型的股票和不同的预测期也同样成立。另外,市场诚信程度越低和羊群行为倾向越高的国家,情绪对于股票收益的影响越高。为了研究情绪对于全球主要股票市场的影响效应和在市场间的传播蔓延机理,Baker,Wurgler 和 Yuan(2012)构建了六个股票市场的投资者情绪指数,且将其分解成一个世界情绪指数和六个本土指数。其实证研究表明世界情绪与本土情绪均是时序市场收益的反向预测器,同时也是时序横截面收益的反向预测器;当全球情绪或本土情绪高涨时,难以套利或者难以估值的股票的未来收益均较低;由于资本流动导致市场间的情绪具有传染性。高斌(2015)建立基于情绪的股指期货定价模型,从股指期货市场和沪深 A 股市场考察我国股指期货情绪和沪深 300 股票情绪对股指期货收益的影响,其数值模拟和实证研究结果展示了股指期货情绪和标的股票情绪对股指期货价格的影响机理,并解释了股指期货价格偏离、市场有效性水平低等异象等多种市场异象。文凤华等(2015)认为投资者负面情绪在市场之间的传染将会加速金融危机的蔓延。因此,随着我国资本市场的逐步开放,研究投资者情绪传染对我国资本市场的影响已变得越来越迫切。该书分别在中国和美国市场构建投资者情绪代理指标,研究金融危机背景下中美市场投资者情绪的传染效应。通过格兰杰因果检验发现美国市场投资者情绪对中国市场投资者情绪存在单向传导，并以反映金融市场之间的关联程度的 Copula 传染指数进行进一步的传染性分析，结果表明：美国市场投资者情绪对中国市场投资者情绪的传染性在不同时期呈现出不同的大小关系，随着中国资本市场不断开放，其传染性随之增强，尤其是在次贷危机发生时，投资者的传染性达到最大。陆静和周媛（2015）采用证券投资基金的损失率来构建投资者情绪指数，并以此研究了其对中国 AH 股交叉上市公司股票价格的影响。研究表明，在控制 Fama – French 三因素以及宏观经济变量的情况下，投资者情绪对同期的 A 股市场和 H 股市场都具有显著影响，即情绪高涨时，股票价格上涨，反之亦然。此外，投资者情绪对 A 股市场未来 12 月的收益率具有显著的反转预测，对 H 股市场未来 6 月的收益率具有显著的反转预测，说明中国大陆股票市场受投资者情绪影响的持续时间更长，反映了两个市场间非理性程度的差异和市场效率差异。

六、本章小结

传统资产定价模型的假设过于严格，与现实情况偏差太大，而且对诸多金融异象不能进行合理的解释。心理学实验结果和有限套利理论对行为资产定价给予了充分的支持，在此基础上，众多学者对投资者情绪与股票收益的关系进行了详细地实证研究。这些实证结果也表明投资者情绪与股票收益之间存在很高的联动性。基于实证结果和实验结果，部分学者开发了基于投资者情绪的资产定价模型。这些模型对部分金融异象给出了解释，但是这些基于情绪的资产定价模型只解释了部分现象，对时变情绪的作用，异质性情绪投资者的相互作用，以及对情绪投资者的长期生存性和收益长期反转等现象还没有进行深入探讨。在目前的各种资产定价理论中，基于消费的资本资产定价模型是把宏观经济与金融市场最紧密相连接的一种一般均衡理论，而投资者情绪具有实证方面的优势，结合两者的优势，既可以把宏观经济与金融市场相连接，又可以解释金融异象。因此在基于消费的资本资产定价模型的框架下，考察投资者情绪在上述问题中起的作用，是未来的研究方向的一个重要方向。本书后面章节的思路是首先对投资者情绪与股票收益的联动性进行实证研究，在此基础之上，再构建基于情绪的消费资本资产定价模型（SCCAPM）。

第三章　市场情绪与股票收益的联动性研究

第二章第五节已经总结了投资者情绪与股票收益的联动性研究是近期行为金融学领域的热点,尽管已有研究结果略有差异,但基本都认为市场情绪对股票市场收益有着重要的影响。Baker 和 Wurgler（2007）指出："现在问题已经不在是是否情绪影响股票价格,而是如何测量投资者情绪和量化它的效果"。

由于目前缺乏反映个人投资者情绪的有形数据,本书采用自上而下的方法,利用反映整体市场状况的代理变量构造投资者情绪,本书称之为市场情绪。已有研究普遍从总体效应和横截面效应两个角度,考察市场情绪与股指收益或者股票组合收益之间的关系。在研究情绪的横截面效应时已有文献普遍根据股票的某种特征构造投资组合,例如 Lee, Shleifer 和 Thaler（1991）, Kumar 和 Lee（2006）, Baker 和 Wurgler（2006）等认为小市值股票的收益率对情绪变化更加敏感。但 Blume, Crockett 和 Friend（1974）指出在实际投资中,个人投资者由于资金短缺的问题,很少购买具有某种横截面特征的股票组合或者市场指数,投资者所持有投资组合的分散程度大大低于经典理论的建议。Gruber（1996）, Bailey, Kumar 和 Ng（2011）的研究都表明投资者持有高比例的高费率基金而不是指数基金。因此投资者更关注的是情绪是否影响个股收益。即使同样是小盘股,由于公司的异质性、经营环境的差异性和复杂性等,股票组合中可能存在"黑天鹅"。为了区别于关注股票组合特征的横截面效应,本书把市场情绪对个股收益的影响称之为个体效应。下面章节首先构建市场情绪,然后研究市场情绪的总体效应和个体效应。

其次,大多数基于投资者情绪的实证研究只构建单一频率的市场情绪,或者关注不同频率回归模型的一致性,也就是没有关注不同频率情绪指标对股票收益的影响力的差异。Mcclure, Laibson 和 Loewenstein 等

(2004) 研究时间折扣神经机制时发现非理性因子对短期决策有更大的效果，而理性因子对长期决策起作用。基于这个实验结果，本章运用年化算法考察不同频率的市场情绪的影响力，探讨短期情绪对个股收益的影响力是否超越了长期情绪的影响力。

最后，由于传统计量方法会丢失高频信息，在 Ghysels，Santa – Clara 和 Valkanov（2004）提出的混合数据抽样模型（MIDAS）的基础上，对高频市场情绪进行混频处理，得到混频市场情绪，并研究混频市场情绪与股指收益和股票收益的联动性。

一、市场情绪的构建

（一）构建方法

以往的情绪测量研究存在一个不足，即大多数研究仅采用单一情绪指标（如封闭式基金折价、IPO 数量及首日收益等）来衡量投资者情绪的变化（易志高和茅宁，2009）。单一情绪指标只能反映某个时期某种投资者心理变化的某个方面，会丢失投资者情绪的部分信息。例如市场调查指标只是投资者的事前预测指标，实际操作有可能与事前调查的结果不吻合。Baker 和 Wurgler（2006）采用与情绪密切相关的多个指标，运用主成分分析构造了投资者情绪综合指标，发现难以估值和难套利的股票对情绪更加敏感。这种综合指标的构建方法对以后的研究有根本性的指引作用。随后 Stambaugh，Yu 和 Yuan（2012），Gao，Yu 和 Yuan（2012），Kurov（2010），Yu 和 Yuan（2011）同样采用了上述代理变量表征情绪。

许多学者虽然没有采用上述指标，但是依然沿用主成分分析构造了投资者情绪综合指标。Liao，Huang 和 Wu（2011）选取了十个代理变量，包括个股情绪代理指标和市场情绪代理指标，然后运用主成分方法构造了情绪指数。个股情绪代理指标为个股平均收益和个股平均成交量，而市场情绪代理指标有八个，其中收益指标系列为标普 500 指数收益、罗素 2000 指数收益和 IPO 首日收益，体现交易情况的指标有标普 500 指数成交量、标普 500 指数期权认沽认购比、IPO 发行量、纽约证券交易所股票换手率和共同基金净买量。在国内，张强和杨淑娥（2009）采用市场换手率、封闭式基金折价率和投资者开户增长率等作为投资者情绪指数的代理变量，应用因子分析法构造了投资者情绪指数。蒋玉梅和王明照（2009）采用封闭式基金折价率、A股新增开户数、换手率和消费者信心指数四个代理变量，运用主成分分析方法构建市场情绪。蒋玉梅和王明照（2010）采用IPO发行数量和IPO首日收益率取代了消费者信息指数，运用主成分分析方法重新构建了市场情绪。易志高和茅宁（2009）采用封闭式基金折价、市场交易量、IPO数量及上市首日收益、新增投资者开户数和消费者信心指数六个代理变量，以主成分分析方法构建了中国市场的投资者情绪指数。闫伟（2012）设计了一套优化程序，选取当期沪市新增股票开户数、当期沪市股票成交额、当期上证基金指数和前期上证综指作为代理变量，然后采用主成分分析方法构建了市场情绪。

（二）指标选取

众多研究表明投资者往往通过股票的历史收益率来进行投资预测（例如，De Bondt，1993），那么在选择水平变量时，可以考虑与收益率紧密相关的价格指数（闫伟，2012）。本书选取当期基金指数和滞后一期上证指数。

Baker和Stein（2002）认为交易量在一定程度上反映了市场的流动性，另外它还能反映投资者的参与程度，当投资者情绪高涨时其股票投资的积极性也会很高。张强和杨淑娥（2009），蒋玉梅和王明照（2009），易志高和茅宁（2009）等都采用了交易量或者换手率作为市场情绪的代理变量，因此本书选取上证成交量。

Zweig（1973）使用封闭式基金折价率去预测道琼斯股票，Lee，Shleifer和Thaler（1991）也认为投资者情绪可以解释封闭式基金折价率的一些特征。在Lee，Shleifer和Thaler（1991）的实证研究当中，他们构造了十个不同规模级别股票资产组合，然后做了这些组合的价值加权平均月收益率对封闭式基金组合价值加权折价率月变化的回归。其实证结果显示，价值加权折价率的变化与最大规模公司股票收益正相关，而与其他规模公司股票收益负相关，而且负相关系数数值最大的是最小规模股票组合。也就是当个人投资者对封闭式基金和小盘股更加乐观时，这些股票表现较好，基金折价率较低；反之，基金折价率较高。采用1933-1993间年市场数据，Neal和Wheatley（1998）研究了封闭式基金折价率对未来收益的预测能力，其结果表明封闭式基金折价率与小公司股票未来一个月、一季度、一年、两年、三年及四年预期收益均正相关，且相关系数随着预测时间延长而增大，但封闭式基金折价率与大公司股票预期收益无关。虽然少数学者对此提出质疑（Chen，Kan和Miller，1993），但是Brown（1999），Baker和Wurgler（2006）依然认为封闭式基金折价率可以表征投资者情绪。因此本书选取封闭式基金折价率作为情绪的代理变量之一。

Baker和Wurgler（2006），伍燕然和韩立岩（2007），张强和杨淑娥（2009），易志高和茅宁（2009）等都认为每月新增投资者开户数代表了场外投资者对证券的需求程度和参与程度，从而可反映投资者的情绪，当情绪高涨时，投资者进入市场的热情就高，新增开户数就高。反之亦然。因此，本书选取新增基金开户数和新增股票开户数作为市场情绪的代理变量。

综合以往研究文献，并结合我国数据特征，本书选取的表征当期情绪的代理变量均为水平变量，有当期基金指数（FI）、封闭式基金折价率（CFD）、当期新增基金开户数（FA）、当期新增股票开户数（SA）、当期上证成交量（SZV）、前一期上证指数（PSZI）。这里未考虑以往研究所选取的IPO系列数据，这是因为在大牛市开始半年之后（2006年6月19日），中国证监会才恢复了新股上市。那么在构建短期的市场情绪时，选取的IPO系列数据的做法会存在缺失大量数据的弊端。

（三）数据和统计特征

本研究数据中，股指收益、股指收益和情绪代理变量等数据来自CSMAR中国股票市场交易数据库，时间为2006年1月4日-2010年12月30日，数据周期为周、月和季。依据Baker和Wurgler（2006）提出的思路，对上述六个代理变量实行标准化，并用主成分分析方法得到第一主成分，把第一主成分作为情绪指标SI，如下式（以月度数据为例）：

$$SI = 0.43FI + 0.38CFD + 0.30FA + 0.44SA + 0.45SZV + 0.42PSZI$$

$$(3-1)$$

此时，最终代理变量协方差的特征值分别为3.9712、1.0753、0.6357、0.2069、0.0784和0.0325，只有第一成分的特征值显著大于1。而且第一主成分贡献度66.19%，意味着情绪指数SI能够表征上述六个最终代理变量66.19%的信息。由于市场情绪都是由于水平变量构造的，而股指收益是变化率,因此本书采用市场情绪的变化量来考察其对股指收益的影响。定义市场情绪变化为:$\Delta SI_t = SI_t - SI_{t-1}$。

使用 Eviews 软件统计了不同周期的市场情绪变量的基本统计特征,如表 3-1 所示。从表 3-1 中可以发现情绪因子的偏度偏离 0,峰度小于 3,偏度和峰度均偏离正态分布值,因此拒绝情绪水平值服从正态分布的假设。另外,不同期限的市场情绪的 DW 值都接近于 2,因此拒绝自相关假设。另外不同期限的市场情绪变化样本数据在 1% 的显著性水平上拒绝单位根。周、月和季市场情绪及其变化如图 3-1,图 3-2 和图 3-3 所示。从图形上可以直观得到市场情绪与大盘指数走势大致类似的结论,从图形上说明了本书构造的情绪指数能很好地反映我国股市投资者情绪的变化。

表 3-1　　　　　　　市场情绪的统计特征

周期	均值	最大值	最小值	标准差	偏度	峰度	ADF	DW
周	0	4.181	-3.044	1.9657	0.15652	2.0744	-11.260	2.002
月	0	4.367	-3.041	1.993	0.155	2.149	-5.665	1.960
季	0	2.816	-3.156	2.0016	-0.1206	1.7745	-6.921	1.923

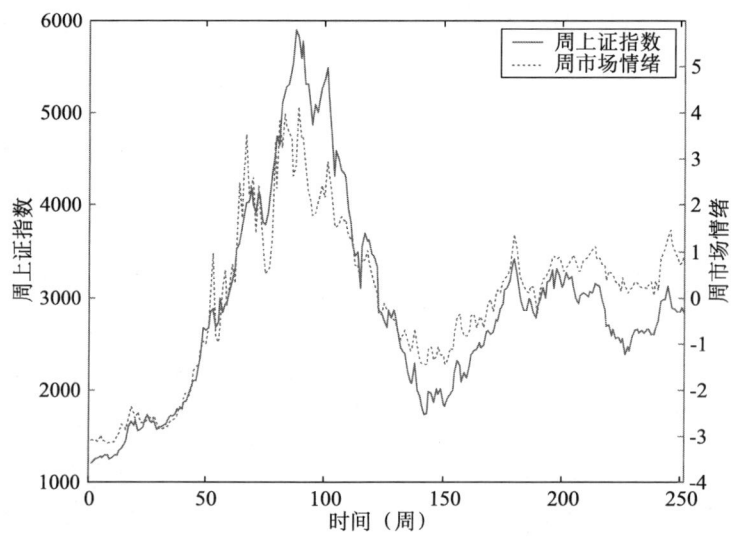

图 3-1　周市场情绪和周上证指数

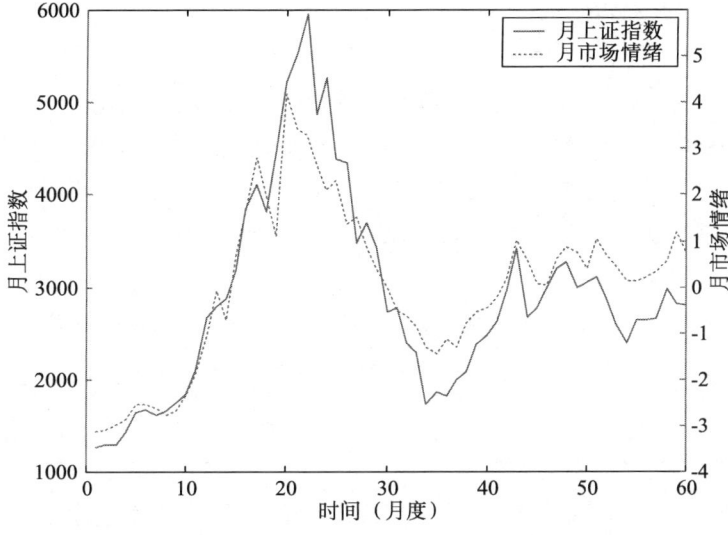

图 3-2　月市场情绪和上证指数

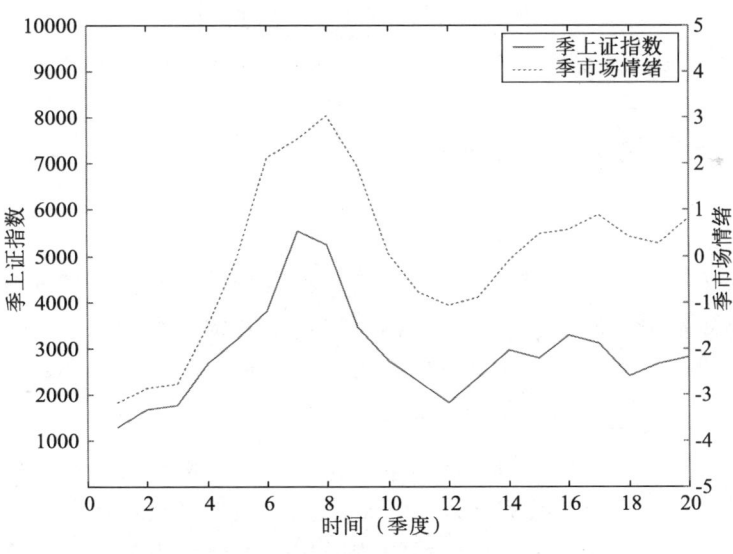

图 3-3　季市场情绪和上证指数

二、市场情绪与股指收益

应用传统的 OLS 模型考察市场情绪变化与股指收益之间的关系，回归方程如下：

$$R_{mt} = \alpha + \beta \cdot \Delta SI_t + \varepsilon_t \tag{3-2}$$

其中 R_{mt} 是市场组合在 t 期的收益率，SI_t 是第 t 期的投资者情绪，ε_t 是随机扰动项，α 为截距常数项，β 是情绪因子的敏感系数。应用上式分别进行周、月和季的三种频率的 OLS 回归，结果如表 3-2 所示。对比周、月和季三个回归结果，可知三个回归方程通都过 1% 显著性水平检验，即拒绝情绪敏感系数为零的原假设。这个结果说明不同频率的市场情绪变化都是同频指数收益率的影响因子。另外三种市场情绪变化系数都为正，说明市场情绪变化对上证指数收益都存在显著的正向影响，即投资者情绪高涨，则股指收益增加；投资者情绪低落，股指收益下降。

表 3-2　在不同频率下上证股指收益对市场情绪变化的 OLS 回归结果

频率	α	β	Adj. R^2	F 值
周	0.00509* (1.72)	0.04729*** (7.31)	0.2077	53.43
月	0.01965 (1.28)	0.07713*** (3.47)	0.1940	12.07
季	0.04389 (0.79)	0.16661*** (3.00)	0.3630	8.98

注：*** 表示显著性水平为 1%；** 表示显著性水平为 5%；* 表示显著性水平为 10%，下同。

三、市场情绪与个股收益

研究总体效应可以运用传统的回归分析模型，但是在研究个体效应时，由于个股数量众多（从沪市 A 股选取了 566 只股票），OLS 分析的结果只是平均或者加和的数据构成，可采用面板数据模型。利用面板数据建立模型的好处是：第一，面板数据模型既可以把时间序列沿着空间方向扩展，又能将截面数据沿时间方向扩展成二维结构的数据集合。由于观测值的增多，可以增加估计量的抽样精度。第二，对于固定效应模型能得到参数的一致估计量，甚至有效估计量。第三，面板数据建模比单截面数据建模可以获得更多的动态信息。因此本书采用面板数据模型展开研究。考察个体效应的常用的面板数据模型包括个体固定效应模型和个体随机效应模型，以下简单介绍两个模型，并通过 Hausman 检验和 F 检验来确定本书采用的模型方法。

个体固定效应模型就是对于不同的个体有不同截距的模型。如果对于不同的时间序列（个体）截距是不同的，但是对于不同的横截面，模型的截距没有显著性变化，那么就应该建立个体固定效应模型。个体固定效应模型如下：

$$R_{it} = \alpha_1 D_1 + \alpha_2 D_2 + \cdots + \alpha_N D_N + \beta \Delta SI_{it} + \varepsilon_{it}, \quad t = 1, 2, \cdots, N \quad (3-3)$$

其中 D_i 是虚拟变量，截距项是随机变量，表示对于 i 个个体有 i 个不同的截距项，且其变化与解释变量有关系。

随机模型有三种，分别为个体随机效应模型、时点随机效应模型和个体时点随机效应模型，但个体随机效应模型最为常用。模型设定为

$$R_{it} = \alpha_i + \beta \Delta SI_{it} + \varepsilon_{it}, \quad i = 1, 2, \cdots, N, \quad t = 1, 2, \cdots, N \quad (3-4)$$

其中截距项是随机变量，且其变化与解释变量无关。随机效应模型可以看作是混合模型的特例。

可以采用 Hausman 检验来选择个体固定效应和随机效应，原假设与备择假设是

H0：个体效应与情绪变量无关（个体随机效应模型）；

H1：个体效应与情绪变量相关（个体固定效应模型）。

Hausman 检验的统计量 H 为

$$H = (\beta_{RE} - \beta_{FE})' \cdot (Var(\beta_{RE}) - Var(\beta_{FE}))^{-1} \cdot (\beta_{RE} - \beta_{FE}) \sim \chi^2(K-1) \quad (3-5)$$

其中 β_{RE} 是随机效应下的估计值，β_{FE} 是固定效应下的估计值，K 是解释变量个数。

（一）单因子回归模型

Hausman 检验以及个体随机效应模型的回归结果如表 3-4 所示，可以看出所有结果当中随机效应的 Hausman 统计量都接近于零，即在 1% 的置信度上接受原假设，从而拒绝个体固定效应模型，支持个体随机效应模型。李广子，唐国正和刘力（2011）的研究表明在总体上随机效应模型略好于其他两种模型，本书的实证结果也支持这一结论。每个模型的 t 值都很高，这说明市场情绪对个股收益有显著影响。

表 3-3　　　　面板数据分析模型的结果

频率	α	β	Adj. R^2	HST
季	0.0699*** （18.12）	0.1778*** （46.25）	0.2027	0.03
月	0.0399*** （35.59）	0.0702*** （43.25）	0.0672	0.00
周	0.0079*** （30.78）	0.037593*** （94.95）	0.0761	0.00

(二) 多因子回归模型

单因子模型没有加入控制变量,为此引进著名的 Fama – French 三因子作为控制变量,考察同频市场情绪对股票收益的作用。模型如下:

$$R_{it} = \alpha_i + \beta\Delta SI_t + \beta_{Rmrf}RMRF_t + \beta_{SMB}SMB_t + \beta_{HML}HML_t + \varepsilon_{it}, i = 1, \cdots, 566 \quad (3-6)$$

其月度结果如表 3 – 4 所示。结果显示 Hausman 统计量都接近于零,即在 1% 的置信度上接受原假设,从而支持个体随机效应模型。四因子模型中,β_{MS} 是 0.0023,但是非零假设只在 10% 的置信度上被接受,而且调整拟合优度几乎与 Fama – French 三因子的一样。也就是说,当把 Fama – French 三因子作为控制变量,同频市场情绪起的作用较小。这个结果与 Kumar 和 Lee (2006) 的推测一致,即市场范围计量的情绪会丢失信息,从而对个股收益的影响减弱。

表 3 – 4　面板数据分析模型:市场情绪与 Fama – French 三因子

频率	α	β	β_{Rmrf}	β_{SMB}	β_{HML}	Adj. R^2	H 统计量
月	0.0046 *** (5.11)	——	1.0320 *** (128.86)	1.2335 *** (73.05)	0.3112 *** (9.99)	46.60%	0.04
月	0.0045 *** (5.03)	0.0023 * (1.69)	1.0254 *** (115.13)	1.2346 *** (73.06)	0.3142 *** (10.07)	46.61%	0.05

四、期限结构

大多数基于投资者情绪的实证研究只构建单一频率的市场情绪,少数研究构建两个不同频率的市场情绪,例如 Lee, Shleifer 和 Thaler (1991), Brown 和 Cliff (2004):周和月频率的情绪, Gao, Yu 和 Yuan (2012):月和年频率的投资者情绪。但是以往的实证研究注意关注不同回归模型的一致性,没有关注不同频率情绪指标对股票收益的影响力的差异。

Mcclure, Laibson 和 Loewenstein 等 (2004) 采用 fMRI 方法,检查了当投资者面对一系列现金奖励的抉择时的时间折扣神经机制。其结果显示非理性因子对短期决策有更大的效果,而理性因子对长期决策起作用。基于这个实验结果,本书提出假说:投资者情绪对股票的影响力是随着时间的推移而单调递减的。这种随着时间的增加，而导致情绪的影响力单调下降的结构，称之为情绪期限结构。

情绪对股票的影响力，在回归模型中体现为贝塔系数，即单位情绪的变化导致的股票收益的增加量。但是不同频率的回归方程得到的贝塔系数并不能直接进行比较，因为其频率不同，即不同的现金流含有不同的时间价值。依据年化算法，本书把不同频率的贝塔系数折算成年化系数，然后在年度频率上进行比较。年化贝塔系数 β_a 的计算公式为：

$$\beta_a = (1+\beta)^{250/td} - 1 \qquad (3-7)$$

其中 250 是每年交易日的数量，td 是不同频率的交易日数量。

对第二部分的研究结果进行年化处理，则市场情绪对股指收益的回归结果如表 3-5 所示。结果显示在周度模型中的年化贝塔系数高达 9.077，月度的年化贝塔系数为 1.439，而季度的系数仅为 0.852，也就是说短期的市场情绪对股指收益影响最大。另外，从贝塔系数的 t 值来看，周度模型中的 t 值也是最高的，月度次之，季度最小。这个实证结果与 Mcclure，Laibson 和 Loewenstein 等（2004）的研究成果一致，支持了本书提出的假说。

表 3-5　　　　　　期限结构：市场情绪与股指收益

频率	α	β	β_a	Adj. R^2	FST
周	0.005* (1.72)	0.04729*** (7.31)	9.077*** (7.31)	20.77%	53.43
月	0.020 (1.28)	0.07713*** (3.47)	1.439*** (3.47)	19.40%	12.07
季	0.044 (0.79)	0.16661*** (3.00)	0.852*** (3.00)	36.30%	8.98

类似的，市场情绪对股指收益的回归结果如表 3-6 所示。其结果也说明市场情绪对股票收益的影响力随着时间的增加而递减。由于市场情绪在 Fama-French 三因子作为控制变量的模型中表现不佳，因此不再多因子模型中讨论期限结构。

表 3-6　　　　　　期限结构：市场情绪与个股收益

频率	α	β	β_a	Adj. R^2	HST
周	0.0079*** (30.78)	0.0376*** (94.95)	5.329*** (94.95)	0.0761	0.00
月	0.0399*** (35.59)	0.0702*** (43.25)	1.257*** (43.25)	0.0672	0.00
季	0.0699*** (18.12)	0.1778*** (46.25)	0.924*** (46.25)	0.2027	0.03

五、混频市场情绪

同频模型的研究说明市场情绪是影响收益的系统性因子，但由于传统同频计量方法的缺陷，削弱了市场情绪的影响力。因此本书采用 MIDAS 模型对市场情绪的影响力进行深入研究。

已有研究普遍采用同频的计量方法进行研究。但是不同的数据抽样的频率经常不一致，因此要想利用传统的计量模型就必须对混频数据进行处理。常见的处理方法有加总方法或者插值法，但是这两种方法经常受到质疑，因为加总法在数据处理过程中忽视了高频数据中部分样本信息，抹杀了高频数据的波动，在一定程度上人为地减少了样本信息。而插值法虽然能获得高频数据，但是这种高频数据一定程度上有人为构造的嫌疑，因此使用这种高频数据建模时都非常谨慎。Ghysels，Santa－Clara 和 Valkanov（2004）在分布滞后模型的基础上提出的混合数据抽样模型（MIDAS），该模型不对混频数据做任何处理，而是充分利用原始数据的信息构建混频数据模型，而且能获得优于分布滞后模型的参数估计结果。此后把混合数据抽样模型应用到金融波动率和宏观经济预测的研究逐渐丰富起来，例如 Marcellino 和 Schumacher（2007）将因子模型引入到 MIDAS 模型，模型的预测结果显示 MIDAS 模型在短期预测中表现优秀，且非限制 MIDAS 模型在很多实际预测中具有最佳的预测效果。在国内，刘金全，刘汉和印重（2010），刘汉和刘金全（2011）的研究表明混频数据模型的参数估计和方差都要比传统的同频数据要好，初步说明 MIDAS 模型在中国宏观经济中的应用是有效的。但是，国内外的学者至今还没有运用混频数据抽样模型研究混频市场情绪的作用，例如混频市场情绪对股指收益和股票收益的系统性影响和重要性影响。虽然 Yu 和 Yuan（2011）使用混频数据抽样模型研究投资者情绪对市场均值－方差均衡的影响，但是在研究过程中只对高频收益率进行混频处理，并没有对投资者情绪进行混频处理。依据 MIDAS 模型，本书认为混频市场情绪是低频股指收益和低频股票收益的系统性影响因子，而且相对于低频市场情绪，其对低频股指收益和低频股票收益有更加显著的影响。

（一）MIDAS 模型

Ghysels，Santa－Clara 和 Valkanov（2004）在分布滞后模型的基础上提

出的混合数据抽样模型（MIDAS）。假定在 MIDAS 回归模型中，等式左边的低频数据为收益率 R_t（$t=1,\cdots,T$），等式右边的高频数据为情绪变化 ΔSI_τ（$\tau=1,\cdots,mT$）。令 $\Delta SI_t^{(m)} = \Delta SI_\tau$，其中 m 表示混频市场情绪数据的频率倍差，即 $\Delta SI_t^{(m)}$ 在 $t-1$ 期到 t 期进行了 m 次抽样。则 MIDAS 回归模型即可表示为如下的形式：

$$R_t = \alpha + \beta B(L^{1/m};\theta)\Delta SI_t^{(m)} + \varepsilon_t \tag{3-8}$$

$$B(L^{1/m};\theta) = \sum_{k=0}^{K} B(k;\theta)L^{k/m} \tag{3-9}$$

其中，$B(L^{1/m};\theta)$ 是参数向量 θ 的一个函数，L 是高频数据的滞后算子，K 是高频数据的滞后阶数。MIDAS 模型估计中关键问题是权重函数 $B(k;\theta)$ 中的参数向量 θ 和滞后阶数 K 的选取，这涉及权重函数的选择。Ghysels 和 Valkanov（2006）选择了 Almon 多项式函数的变形，即指数 Almon 多项式函数，其研究结果表明指数 Almon 多项式函数能构造各种不同的权重函数，能够保证权重数为正数，而且能使回归方程获得零逼近误差的良好性质。因此指数 Almon 多项式函数是目前使用最多的一种多项式函数形式，其具体形式为：

$$B(k,\theta) = \frac{\exp(\theta_1 k + \theta_2 k^2 + \cdots + \theta_p k^p)}{\sum_{k=1}^{K}\exp(\theta_1 k + \theta_2 k^2 + \cdots + \theta_p k^p)} \tag{3-10}$$

这种权重函数均能保证高频滞后阶数的权重函数为正。本书选择含两参数的指数 Almon 权重函数构造低频数据，即 $p=2$。Clements 和 Galvão（2005）为了保证滞后高频数据对应的权重函数是递减的，构造过程中约束指数 Almon 多项式函数的参数 $\theta_1 \leq 300$，$\theta_2 < 0$。借鉴这个的研究成果，本书设定快速衰减权重：$\theta_1 = 7\cdot 10^{-4}$，$\theta_2 = -0.05$，以及缓慢衰减权重函数：$\theta_1 = 7\cdot 10^{-4}$，$\theta_2 = -0.0005$。

（二）混频市场情绪与股指收益

传统的 OLS 模型虽然可以得到市场情绪与股指收益之间的联动关系，但是在数据处理中，有可能产生高频信息的丢失。为此依据上述的研究设计，应用混频数据抽样模型考察市场情绪与股指收益之间的联动关系。

本书先考虑季度混频数据组合（季/周：利用混频方法把高频的周数据混频到季度，其他组合的含义类似），再考虑月/周数据组合。为了选取滞后阶数和衰减函数，计算两种衰减函数下不同滞后阶数的月/周混频数据模型的回归结果,如表3-7所示。结果显示不管是快速衰减指数Almon函数,还是缓慢衰减函数,随着滞后阶数的增加,拟合优度和t值都在下降。因此在月/周混频数据模型中滞后阶数选择为4为宜,也就是选择同一月中包含在其中的四个周的数据。同样可得其他混频数据模型中的滞后阶数。另外缓慢衰减函数的结果略优于快速衰减结果,特别是只包含当期高频数据时,因此选择缓慢衰减函数为宜。

据此对不同的混频数据模型进行回归,结果如表3-8所示。从置信角度来看,所有混频数据模型都通过1%显著性水平检验,这说明了混频市场情绪是影响上证收益的系统性因子。从拟合优度来看,季/周混频模型和季/月混频模型的拟合优度(71.31%,62.81%)均高于季同频模型(36.3%)。同样地,月/周混频模型的拟合优度(32.35%)也高于月同频模型(19.4%),超出幅度高达24.65%。从敏感性的正负来看,情绪的敏感系数都为正,说明股指收益受到市场情绪变化的影响,市场情绪变化为正将增加当期收益,反之减少当期收益。这个结果与传统OLS模型的结论一致。从敏感性的大小来看,季/周混频模型的情绪敏感系数(2.6816)是三个季度回归模型中最大的,季/月混频模型的敏感性系数(0.6457)是居中的,季同频模型的敏感系数(0.1162)是最小的。同样地,月/周混频模型的情绪敏感系数(0.2509)也高于月同频模型的敏感系数(0.077)。也就是说,上证收益对高频的周或者月市场情绪变化更敏感,混频数据抽样模型的解释能力和影响力都超过同频模型。这个结果表明相对于同频模型,MIDAS方法能够直接利用高频数据的信息,避免了数据处理过程中信息的丢失和人为信息的增加,高频市场情绪变化可以更好地解释低频的上证指数收益率。

表3-7　　　　　各种月/周混频数据模型的回归结果

衰减方式	滞后阶数	α	β	Adj. R^2	Se
缓慢衰减	K=4	0.0215（1.5420）	0.2509 *** （4.7927）	0.3235	0.0091
	K=5	0.0246（1.6405）	0.2424 *** （3.6850）	0.2151	0.0105
	K=6	0.0204（1.307）	0.2394 *** （3.1124）	0.1771	0.0113
快速衰减	K=4	0.0211（1.4695）	0.2316 *** （4.3999）	0.2856	0.0096
	K=5	0.0228（1.5544）	0.2411 *** （4.0331）	0.2495	0.0101
	K=6	0.0213（1.4364）	0.2448 *** （3.8983）	0.2361	0.0102

第三章 市场情绪与股票收益的联动性研究

表 3-8　　　　　混频数据模型的回归结果：股指收益

频率	α	β	Adj. R^2	F值
季/月	0.0277（0.6468）	0.6457***（4.9447）	0.6281	24.5
季/周	0.0297（0.7947）	2.6816***（5.9612）	0.7131	35.5
月/周	0.0215（1.5420）	0.2509***（4.7927）	0.3235	24.1

（三）混频市场情绪与个股收益

1. 单因子回归模型

采用个体随机效应模型对混频市场情绪与个股收益进行回归分析，结果如表 3-9 所示。结果显示 Hausman 统计量都接近于零，即在 1% 的置信度上接受原假设，从而支持个体随机效应模型。从个体随机效应模型的回归结果可以看出，同频市场情绪的敏感系数、t 值和拟合优度都较低，例如月同频回归结果的拟合优度只有 6.72%，敏感系数只有 0.0702，t 值才 43.25。而月-周混频市场情绪的数据为：拟合优度 12.82%，敏感系数为 0.3278，t 值为 61.81，都超越了同频数据。同样地，在季-周混频模型中混频数据也表现得特别优越。因此混频市场情绪对个股收益的影响力超过了同频市场情绪。

表 3-9　　　　　混频数据模型的回归结果：个股收益

频率	α	β	Adj. R^2	HST
季	0.0699***（18.12）	0.1778***（46.25）	0.2027	0.03
季/月	0.0531***（14.84）	0.6866***（63.05）	0.3209	0.09
季/周	0.0467***（13.58）	2.8722***（70.82）	0.3735	0.13
月	0.0399***（35.59）	0.0702***（43.25）	0.0672	0.00
月/周	0.0400***（37.11）	0.3278***（61.81）	0.1282	0.01
周	0.0079***（30.78）	0.0376***（94.95）	0.0761	0.00

2. 多因子回归模型

上面的模型都是基于单因子模型展开研究，为了与著名的资本资产定价模型以及 Fama-French 三因子模型进行比较，下面运用多因子模型研究市场情绪与股票收益之间的关系。两因子模型如下：

$$R_{it} = \alpha + \beta_{Rmrf} * Rmrf + \beta B(L^{1/m};\theta)\Delta SI_t^{(m)} + \varepsilon_t, \ i=1,2,\cdots,566, \ t=1,2,\cdots,T \tag{3-11}$$

面板数据模型的回归结果如表 3-10 所示。结果显示 Hausman 统计量都接近于零,即在 1% 的置信度上接受原假设,从而支持个体随机效应模型。对比同频回归结果和混频的结果,可知在单因子回归模型中市场溢价相对于同频的市场情绪表现优异,但是在频率很高的情况下,市场溢价不一定优于混频市场情绪。例如包含季-周混频市场情绪的回归模型,其调整拟合优度分别为 33.53%,标准化系数为 0.579,而包含季市场溢价的回归模型,其调整拟合优度和标准化系数分别为 30.7% 与 0.55405。即季-周混频市场情绪表现超越市场溢价,说明混频市场情绪解释能力更高,而且混频市场情绪对个股收益的影响,略大于市场溢价。在包含混频市场情绪和市场溢价的两因子回归中,也可以得到类似的结论,而且随着混频市场情绪的加入,模型的拟合优度也提高 5.6%。

表 3-10　　　　　　　　两因子模型的回归结果

频率	α	β_{Rmrf}	β(季/周)	Adj. R^2	HST
周	-0.0008*** (-3.95)	1.0453*** (267.49)	——	0.3953	0.14
月	0.0021** (2.14)	0.9782*** (131.67)	——	0.3947	0.13
季	0.0498*** (13.74)	0.8384*** (61.29)	——	0.3070	0.07
季	0.061*** (17.05)	0.399*** (19.19)	1.447*** (27.3)	0.3630	0.10

表 3-11　　　　　　　　月度四因子模型的回归结果

α	β_{Rmrf}	β_{SMB}	β_{HML}	β(月/周)	Adj. R^2	HST
0.005*** (5.51)	0.977*** (99.22)	1.239*** (73.48)	0.355*** (11.28)	0.050*** (9.54)	46.79%	0.04
0.005*** (5.11)	1.032*** (128.86)	1.234*** (73.05)	0.311*** (9.99)	——	46.60%	0.04

引进著名的 Fama-French 三因子作为控制变量,考察混频市场情绪对股票收益的作用。模型如下:

$$R_{it} = \alpha_i + \beta B(L^{1/m};\theta)\Delta SI_t^{(m)} + \beta_{Rmrf}RMRF_t + \beta_{SMB}SMB_t + \beta_{HML}HML_t + \varepsilon_{it}$$

$$(3-12)$$

实证结果如表 3-11 所示。结果显示模型的 Hausman 统计量都接近于零,即在 1% 的置信度上接受原假设,从而支持个体随机效应模型。实证结果表明 Fama 三因子的贝塔系数都显著为正,与 Fama-French 三因子模

第三章 市场情绪与股票收益的联动性研究

型的回归结果一致。另外混频情绪的贝塔系数也显著为正，说明月/周的混频市场情绪对股票收益有显著的影响。但是混频市场情绪因子的 t 值才 9.54，略低于 HML 因子（11.28）。原因在于市场情绪是对整体市场的影响，对个股收益影响会削弱，另外市场情绪的数据频率都较低，不能获取更高频，从而影响混频数据的质量。

六、稳健性

为了考察指数 Almon 权重函数的稳健性，本书使用其他常见的权重函数，例如等权重函数。如果滞后阶数仅限于当期包含的高频数据，那么等权重也是一个理想的权重函数，因为在当期每个数据都是重要的，而指数 Almon 权重函数保证了滞后高频数据对应的权重函数在金融应用中是递减的。等权重混频数据模型的结果如表 3-12 所示。结果显示季/周的混频数据模型不但通过 1% 显著性水平检验，而且拟合优度高达 72.44%；而季/月混频数据模型仅通过 5% 显著性水平检验，拟合优度为 27.24%；季/周混频数据模型通过 1% 显著性水平检验，拟合优度高达 33.89%，这说明周市场情绪变化对月度指数收益也有很好的解释能力。这些结果表明采用等权重函数的混频数据模型同样支持市场情绪是股指收益的影响因子以及混频市场情绪表现优于同频市场情绪这两个结论。

表 3-12　　　　　等权重混频数据模型的回归结果

频率	α	β	Adj. R^2	Se
季/月	0.0277（0.6468）	0.6457**（4.9447）	0.6281	0.0515
季/周	0.0225（0.6076）	2.6704***（6.1271）	0.7244	0.0323
月/周	0.0203（1.4652）	0.3345***（4.9102）	0.3347	0.0091

上述研究使用的样本是上证股票收益数据，把样本换成深圳股票收益数据，部分回归结果如表 3-13 所示。其回归与上海股市的结果一致，说明无论是上海股市还是深圳股市，市场情绪的作用都起到类似的效应。

表 3-13　　　　　深圳市场同频和混频模型的回归结果

同频	α	β	Adj. R^2	Se
周	0.0075**（2.2400）	0.0368***（7.1000）	0.205	0.0022

续表

同频	α	β	Adj. R^2	Se
月	0.0321* (1.8656)	0.0820*** (3.2816)	0.1931	0.0020
季	0.0773 (1.3958)	0.1479*** (3.1077)	0.42625	0.0430

混频	α	β	Adj. R^2	Se
季/月	0.0763 (1.4386)	0.4262*** (3.4147)	0.4728	0.0395
季/周	0.0915* (1.8608)	1.9377*** (3.8179)	0.5286	0.0353
月/周	0.0309* (2.0700)	0.2605*** (4.6486)	0.3244	0.0104

GARCH 模型可以检验市场情绪波动是否构成系统风险并得到风险溢酬，因此这里进一步采用 GARCH（1，1）- M 模型进行检验。模型如下：

$$R_{mt} = \alpha + \beta_{SI} \cdot \Delta SI_{it} + \beta_\sigma \sigma_t^2 + \varepsilon_{it} \quad (3-13)$$

$$\sigma_t^2 = \beta_1 + \beta_2 \varepsilon_{t-1}^2 + \beta_3 \sigma_t^2 + \beta_4 \cdot (\Delta SI_{it})^2 + \varepsilon_{it} \quad (3-14)$$

表 3 - 14 列示了在不同期限下，上证指数收益率对市场情绪变化的 GARCH（1，1）- M 回归结果。在表中，第一列、第三列和第五列都为不包含投资者情绪变化的回归结果，第二列、第四列和第六列为包含投资者情绪变化的回归结果。从方程的整体显著性来看，包含投资者情绪变化后，Log - L 值均有较大增加，说明投资者情绪变化对股票收益具有一定的解释力。不同期限的市场情绪变化的敏感系数都为正，其中周和月的系数分别为 0.037、0.048 和 0.114，都通过 1% 的显著性检验。这个结果说明股票收益受到当期投资者情绪变化的影响，市场情绪变化为正将增加当期收益，反之减少当期收益。当包含情绪变化时，β_σ 值比不包含投资者情绪变化情况下有所增加，其显著性在有无情绪变化两种情况下很接近，说明市场情绪变化在一定程度上增加股票系统风险，而且获得相应的风险溢酬。

表 3 - 14　　　　　　　　Garch（1，1）- M 回归结果

参数	周		月		季	
β_σ	3.70*** (2.69)	4.14*** (2.57)	1.50 (1.13)	1.65 (0.95)	0.93 (0.84)	2.31 (1.13)
β_{SI}	——	0.037*** (6.758)	——	0.08*** (4.658)	——	0.114*** (2.579)
β_1	0.0002 (0.993)	0.0002 (0.778)	0.000** (2.348)	0.006 (1.125)	0.052 (0.27)	0.031* (1.85)

续表

参数	周		月		季	
β_2	0.082	0.051	-0.211	-0.11	-0.387	-0.21
	(1.37271)	(0.828)	(-3.20)	(-0.584)	(-0.603)	(-0.464)
β_3	0.84***	0.843***	1.150	0.441	0.531	-0.427
	(6.54)	(4.54)	(183.24)	(0.819)	(0.158)	(-0.55)
β_4	——	-0.0002	——	-0.001	——	0.007
		(-1.027)		(-0.419)		(-0.826)
Log-L	296.479	319.114	38.116	47.522	0.523	6.454
DW	1.864	2.187	1.613	2.35	1.306	2.251

七、本章小结

综合已有研究文献，结合我国证券市场的情况，选取了六个表征情绪的代理变量，利用主成分分析方法构建了市场情绪，然后运用 OLS 回归模型和面板数据模型对同频市场情绪和混频市场情绪进行实证分析。实证结果表明不同频率的市场情绪变化都是同频指数收益率的影响因子。另外三种市场情绪变化系数都为正，说明市场情绪变化对上证指数收益都存在显著的正向影响，即投资者情绪高涨，则股指收益增加；投资者情绪低落，股指收益下降。

在考察市场情绪对个股收益的影响时，采用个体随机效应模型。回归结果显示随机效应的 Hausman 统计量都接近于零，即在 1% 的置信度上接受原假设，从而拒绝个体固定效应模型，支持个体随机效应模型。个体随机效应模型的单因子回归结果表明市场情绪对个股收益有显著影响，但是在加入三因子作为控制变量之后，市场情绪的影响力不再显著。这个结果与 Kumar 和 Lee (2006) 的推测一致，即对于个股收益而言，市场范围计量的市场情绪会丢失信息，也就是市场情绪对个股收益的影响较弱。为此，需要考虑个股范围计量的表征情绪的代理变量，并构建个股情绪，以此研究个股情绪与个股收益的联动性。

大多数基于投资者情绪的实证研究只构建单一频率的市场情绪，或者关注不同频率回归模型的一致性，没有关注不同频情绪指标对股票收益的影响力的差异。Mcclure，Laibson 和 Loewenstein 等 (2004) 研究时间折扣神经机制时发现非理性因子对短期决策有更大的效果,而理性因子对长期决策起作用。基于这个实验结果,本书运用年化算法验证不同频率的市场情绪的影响力,结果显示投资者情绪对股票收益的影响力是随着时间的推移而单调递减的。

传统的计量方法在数据处理中有可能产生高频信息的丢失,为此依据混频数据抽样模型构建混频市场情绪,并考察混频市场情绪与股指收益之间的联动关系。模型结果显示混频市场情绪的表现优于同频市场情绪。更重要的是,在单因子回归模型中虽然市场溢价相对于同频的市场情绪表现优异,但是在频率很高的情况下,市场溢价不一定优于混频市场情绪。例如在单因子回归模型中,季-周混频市场情绪对股票收益的影响超越了市场溢价;在包含混频市场情绪和市场溢价的两因子回归中,也可以得到类似的结论。

上海 A 股数据和深圳 A 股数据都支持上述结论,另外混频数据抽样模型中权重函数的变化对结果也不会造成大的影响,说明上述结论是稳健的。这些实证结果丰富了投资者情绪与股票收益之间的联动性研究,也为下文构建基于投资者情绪的消费资本资产定价模型提供了实证基础。

第四章　个股情绪与股票收益的联动性研究

　　尽管投资者情绪与股票收益之间的研究已取得丰富的成果，但是以往的研究存在两个不足，第一个是已有研究主要是针对市场情绪，第二是普遍采用同频的计量方法。已有研究普遍从总体效应和横截面效应两个角度（蒋玉梅和王明照，2010），考察市场情绪与股指收益或者股票组合收益之间的关系，而对个股情绪的研究才刚刚开展。在研究情绪的横截面效应时已有文献普遍根据股票的某种特征构造投资组合，例如 Lee，Shleifer 和 Thaler（1991），Kumar 和 Lee（2006），Baker 和 Wurgler（2006）等认为小市值股票的收益率对情绪变化更加敏感。但是实际投资中，个人投资者由于资金短缺的问题，很少购买具有某种横截面特征的股票组合或者市场指数，投资者所持有投资组合的分散程度大大低于经典理论的建议（Blume，Crockett 和 Friend，1974）。即使同样是小盘股，由于公司的异质性、经营环境的差异性和复杂性等，股票组合中可能存在"黑天鹅"。因此投资者更关注的是个股情绪是否影响个股收益，而不是市场情绪。而且第三章的面板数据分析模型显示，市场情绪对个股收益的影响较低，特别是在引进三因子作为控制变量之后，市场情绪的影响是不显著。把投资者情绪对单只股票收益的影响，称之为个体效应。

　　最常用的市场情绪是依据整体市场的数据构建，其对微观的个股收益的影响在整体上显著性并不高，因此为了研究个体效应，需要依据个股数据构建个股情绪。目前构建个股情绪指标的文献还很少，已有文献一般使用单一情绪代理变量构建个股情绪指标，这方面的研究包括 Frazzini 和 Lamont（2008），Burghardt，Czink 和 Riordan（2008），采用复合情绪代理变量构建个股情绪指标的文献有谢军（2012）。Frazzini 和 Lamont（2008）构建基于资金流量的情绪指标，并发现高情绪意味着低的未来收益，同时也伴随着高的企业债券发行。Burghardt，Czink 和 Riordan（2008）通过衍生品市场交易数据构建了德国 DAX 指数成份股中每只股票的日情绪指数，发现低情绪股票的组合较高情绪投资组合平均而言具有显著的超额收益。谢军（2012）基于个股交易高频数据计算了 BSI 变量，并结合换手率等其他个股情绪代理变量采用主成分分析的方法构建了个股情绪复合指标。谢军（2012）采用面板数据分析进行实证研究，其实证结果表明个股情绪是影响股票价格的系统性因子，个股情绪与个股收益正相关；个股情绪对小盘股的影响大于其对大盘股的影响；个股情绪下跌对个股收益的影响比个股情绪上涨对个股收益的影响更大，也就是说投资者对个股存在处置效应。

这些研究都说明个股情绪是影响股票收益的重要因子。但是大多数文献采用单一指标构建个股情绪，而单一指标只能从某个侧面反映投资者心理情绪的变化，因而导致不同的度量指标可能仅反映了不同的投资者情绪或某一方面。谢军（2012）虽然构建了复合个股情绪，但是在实证研究当中仅局限于单因子模型的回归分析，没有增加其他控制变量。未来一个研究方向是依据 Baker 和 Wurgler（2006）提出的综合情绪方法构建综合个股情绪，以此研究个体效应。

其次，上述基于投资者情绪的实证研究只构建单一频率的市场情绪，也就是没有关注不同频情绪指标对股票收益的影响力的差异。Mcclure，Laibson 和 Loewenstein 等（2004）研究时间折扣神经机制时发现非理性因子对短期决策有更大的效果，而理性因子对长期决策起作用。基于这个实验结果，本书运用年化算法考察不同频率的个股情绪的影响力，探讨短期个股情绪对个股收益的影响是否超越了长期个股情绪。

最后，由于传统计量方法会丢失高频信息，本书依据 Ghysels，Santa-Clara 和 Valkanov（2004）提出的混合数据抽样模型（MIDAS），对高频个股情绪进行混频处理，得到混频个股情绪，并研究混频个股情绪与股票收益的联动性。

一、个股情绪的构建

Kumar 和 Lee（2006）使用市场交易数据构建了个股的买卖不均衡指标（BSI），在此基础之上构建了组合 BSI。但是他们的研究侧重于投资组合与组合 BSI 之间的联动性，并没有探讨个体效应。由于 Kumar 和 Lee

(2006) 提出的 BSI 指标存在数据可得性问题，借鉴谢军（2012）的构造思路，本书定义的个股买卖不均衡 BSI 指标是依据主买与主卖的不均衡性构建的指标，具体计算公式为：

$$BSI_{i,t} = \frac{VB_{i,t} - VS_{i,t}}{VB_{i,t} + VS_{i,t}} \tag{4-1}$$

其中，$VB_{i,t}$ 为股票 i 在 t 时期的主动购买量，$VS_{i,t}$ 为股票 i 在 t 时期的主动卖出量。当 $BSI_{i,t} > 0$，即投资者主动购买量大于投资者主动卖出量，此时表明投资者情绪的高涨。而当 $BSI_{i,t} < 0$，则表明投资者情绪的低落。

换手率，是指当期成交股数与市场流通总股数之比，它能一定程度上体现出投资者情绪高涨或低迷。Brennan 和 Subrahmanyam（1996），以及 Brennan，Chordia 和 Subrahmanyam（1998），他们均认为月换手率高及买卖价差比低的股票其未来收益更低。Baker 和 Stein（2004）等认为换手率与投资者情绪紧密相关，即当投资者情绪高涨使得投资者交易增加，导致市场流动性增强以及股票估值过高，从而使得未来收益降低。但是换手率不是简单代表买方乐观，也可代表卖方抛售。要判断买卖双方谁主宰市场，还要对换手率进行调整。调整方法：如果当天个股收盘价比前一交易日收盘价高，则换手率为正；如果当天个股收盘价比前一交易日收盘价低，则换手率为负。

股票市场上，量价关系是很重要的一个研究内容。在之前使用的个股换手率变量反映了投资者情绪与成交量特征，但忽略了投资者情绪与价格间的特征关系。Frazzini 和 Lamont（2008）认为基于某股票的股权基金资金流可以表征情绪指标，并论证了该个股情绪是影响个股收益的影响因子。这里，进一步使用个股交易金额来体现这一特征。由于上面两个变量（个股买卖不均衡 BSI，个股换手率），都是比率变量，所以这里选取个股交易金额增长率（MGR）作为投资者情绪代理变量。

De Bondt（1993）认为投资者往往通过股票的历史收益率来进行投资预测，Liao，Huang，Wu（2011）也认为个股收益率能表征个股情绪，所以本书采用滞后一阶个股收益率作为个股情绪的源变量。

综上所述，本书选取个股交易金额增长率（MGR）、买卖不均衡指标（BSI）、个股调整换手率（AT）和滞后一阶个股收益率（PR）作为表征个股情绪的代理变量。

表4-1　　　　　　　　个股情绪源变量描述性统计

变量名	最小值	中位数	均值	最大值	标准差
交易金额增长率	-0.9749	-0.0310	0.1366	241.9130	0.8271
BSI	-0.9999	-0.0010	-0.0063	0.9994	0.1482
调整换手率	-0.4829	0.0074	0.0080	0.4873	0.0454
历史收益率	-0.7685	0.0031	0.0015	0.2404	0.0387

本书的买卖不均衡指标是根据巨灵数据库的分笔成交明细的高频数据计算得到，个股交易金额、个股换手率和个股收益率等数据均来自国泰安数据库。样本期为2006年1月1日至2010年12月31日，包括日、周和月数据。在沪市中剔除了部分休市时间较长的股票以及ST和PT类的股票，过滤后的样本一共有566只股票。四个源变量的描述性统计如表4-1所示。

为了消除量纲导致的影响，首先对表征个股情绪的四个源变量进行标准化处理，然后分别对每只股票的上述四个变量进行主成分分析，按照Baker和Wurgler（2006）的观点，选取第一主成分作为投资者情绪。所以个股情绪（ISS）为

$$ISS_{i,t} = a_1 \cdot MGR_{i,t} + a_2 \cdot BSI_{i,t} + a_3 \cdot AT_{i,t} + a_4 \cdot PR_{i,t} \quad (4-2)$$

依据主成分方法构建了日、周和月三种个股情绪，以股票代码600005为例，其月度个股情绪为：

$$ISS = 0.400MGR - 0.552BSI + 0.655AT + 0.326PR$$

其第一主成分可以解释36.74%样本的方差，并且只有第一个特征值是远大于1的，所以第一个因子可以解释这些变量的大部分变化。

类似于上面的计算过程，得到其他个股的个股情绪。下表列示了这三种频率的个股情绪基本统计特征。所有样本数据ADF检验的值均在1%的显著性水平上拒绝单位根，显示样本序列是平稳的，不存在伪回归问题。

表4-2　　　　　　　　　　统计特征

频率	均值	最大值	最小值	标准差	ADF
日	0	21.7621	-8.835	1.1679	-511.2
周	0	12.947	-10.822	1.1773	-240.06
月	0	5.59	-5.47	1.2042	-113.16

二、同频个股情绪与个股收益

表 4-3　　　　　　　单因子模型和两因子模型的回归结果

频率	α	β_{ISS}	β_{Rmrf}	Adj. R^2	HST
日	0.0024*** （56.37）	0.0200*** （551.26）	——	0.3699	0
日	0.0000 （0.85）	——	1.0503*** （558.62）	0.3781	0
日	0.0003*** （8.28）	0.0142*** （439.05）	0.8524*** （511.88）	0.5480	0.61
周	0.0114*** （58.70）	0.0467*** （281.71）	——	0.4164	0
周	-0.0008*** （-3.95）	——	1.0453*** （267.49）	0.3953	0.38
周	0.0014*** （7.12）	0.0242*** （136.24）	0.8690*** （219.56）	0.4750	0.49
月	0.0481*** （53.65）	0.0928*** （122.14）	——	0.3557	0
月	0.0210*** （21.9）	——	0.9491*** （116.90）	0.3446	0.04
月	0.0268*** （32.94）	0.0715*** （100.54）	0.6905*** （93.92）	0.5284	0.08

依据第三章介绍的面板数据模型做实证研究，同频个体随机效应模型的单因子和两因子回归结果如表 4-3 所示。结果显示所有结果当中随机效应的 Hausman 统计量都接近于零，即在 1% 的置信度上接受原假设，从而拒绝个体固定效应模型，支持个体随机效应模型。这个结果与李广子等（2011）的结果保持一致。单因子回归结果和两因子回归结果都显示同频的个股情绪对个股收益的影响是显著的，而且个股情绪表现与著名的市场溢价因子相当接近。例如月度单因子回归中，市场溢价因子的调整拟合优度高达 34.46%，而月度个股情绪的调整拟合优度才 35.57%，相差只有 1.11%。另外它们的 t 值分别为 116.90 和 122.14，对应的标准化系数①也是差距甚小。在月度两因子回归结果中，个股情绪的 t 值（100.54）略高市场溢价的 t 值（93.92），这个结果表明个股情绪的表现还略优于市场溢价。在周和日的回归当中，个股情绪的表现同样接近与市场溢价。

依据第三章介绍的多因子回归模型做实证研究，回归结果如表 4-4 所示。结果显示所有结果当中随机效应的 Hausman 统计量都接近于零，即在 1% 的置信度上接受原假设，从而拒绝个体固定效应模型，支持个体随机

---
① 标准化系数可以消除由单位不同而带来的差别，其绝对值越大，所对应的变量影响力越大。

效应模型。多因子回归结果显示日、周和月的多因子回归中，同频的个股情绪对个股收益的影响是显著的，个股情绪表现都超越了规模因子和账面市值比因子，而且与著名的市场溢价因子相当接近。例如在月度回归中，个股情绪的 t 值为 90.32，超过了规模因子和账面市值比因子的 t 值（60.45，11.53），接近于市场溢价因子的 t 值（104.04）。

表 4-4　　　　三因子模型与四因子模型的回归结果

频率	α	β_{ISS}	β_{Rmrf}	β_{SMB}	β_{HML}	Adj. R^2	HST
日	-0.0007 *** (-18.11)	——	1.0652 *** (557.18)	1.1692 *** (221.48)	0.0435 *** (5.89)	43.44%	0.8
日	-0.0004 *** (-11.08)	0.0136 *** (439.83)	0.8619 *** (508.96)	0.9825 *** (217.44)	0.1666 *** (26.43)	58.94%	0.89
周	-0.0019 *** (-8.89)	——	1.0138 *** (255.10)	0.7755 *** (78.80)	-0.0599 *** (-3.99)	41.71%	0.73
周	-0.0004 * (-1.79)	0.0226 *** (129.21)	0.8582 *** (220.94)	0.6207 *** (67.30)	-0.0492 *** (-3.53)	49.67%	0.73
月	0.0046 *** (5.11)	——	1.0320 *** (128.86)	1.2335 *** (73.05)	0.3112 *** (9.99)	46.60%	0.04
月	0.0139 *** (17.65)	0.0614 *** (90.32)	0.7819 *** (104.04)	0.9155 *** (60.45)	0.3133 *** (11.53)	59.37%	0.11

三、个股情绪的期限结构

依据第三章关于期限结构的讨论，在这里对个股情绪的影响力进行研究。由于日度频率较高，进行年化时按照指数增加，导致数量差距显著增大。为了克服年化算法的缺点，在此对其按照月度频率进行转化，对应的系数称之为月化贝塔系数 β_{month}。算法为：

$$\beta_{month} = (1 + \beta_{ISS})^{22/td} - 1 \qquad (4-3)$$

其中 β_{ISS} 是个股情绪的贝塔系数，td 是回归模型的单位周期中包含的交易天数。

单因子回归模型的月化贝塔系数 β_{month} 如表 4-5 所示。在日频率的单因子回归模型中，其对应的月化贝塔系数为 0.5460，是三个系数中最大的，而月度回归模型对应的月化贝塔系数为 0.0928，是三个系数中最小的。所以个股情绪对个股收益的影响力也是随着时间的增加而递减。

表 4-5　　　　　　　　期限结构：单因子回归模型

频率	α	β_{ISS}	β_{month}	Adj. R^2	HST
日	0.0024*** (56.37)	0.0200*** (551.26)	0.5460	0.3699	0
周	0.0114*** (58.70)	0.0467*** (281.71)	0.2224	0.4164	0
月	0.0481*** (53.65)	0.0928*** (122.14)	0.0928	0.3557	0

对以 Fama-French 三因子作为控制变量的四因子回归模型进行月化处理，结果如表 4-6 所示。日频率、周频率和月频率的回归系数，这三者的月度贡献分别为 0.3461，0.1033 和 0.0614。日频率的个股情绪对个股收益影响最大，月度的最小。说明个股情绪在多因子回归模型中也体现出单调下降的期限结构。这个结果支持了本书提出的假设。

表 4-6　　　　　　个股情绪的期限结构：多因子回归模型

频率	α	β_{ISS}	β_{month}	β_{Rmrf}	β_{SMB}	β_{HML}	Adj. R^2	HST
日	-0.0004***	0.0136***	0.3461***	0.8619***	0.9825***	0.1666***	58.94%	0.89
	(-11.08)	(439.83)	(439.83)	(508.96)	(217.44)	(26.43)		
周	-0.0004*	0.0226***	0.1033***	0.8582***	0.6207***	-0.0492***	49.67%	0.73
	(-1.79)	(129.21)	(129.21)	(220.94)	(67.30)	(-3.53)		
月	0.0139***	0.0614***	0.0614***	0.7819***	0.9155***	0.3133***	59.37%	0.11
	(17.65)	(90.32)	(90.32)	(104.04)	(60.45)	(11.53)		

四、混频个股情绪

从上述同频实证研究结果可知，虽然传统的同频回归模型显示个股情绪与股票收益之间的关系是统计显著的，其拟合优度和影响力都与传统的市场溢价因子相当接近，但是传统模型在数据处理中，有可能丢失样本信息。依据混频数据抽样模型的理论，混频情绪可以表现更优异。为此依据混频数据模型的研究设计，考察混频个股情绪与股票收益之间的联动关系。本书把较高频的周和日的个股情绪进行混频处理，都转变成月度混频个股情绪，记为月-周和月-日的混频数据。其回归结果如表 4-7 所示。

表4-7　　　　　　　　单因子面板数据模型的回归结果

混频	α	β_{ISS}	Adj. R^2	ST
月/周	0.0489*** （55.85）	0.2557*** （130.15）	0.3855	H = 0.01
月/日	0.0443*** （43.56）	0.1972*** （78.79）	0.1897	H = 14.76
月/日	0.0281 （0.67）	0.1174*** （62.07）	0.5984	F = 43.85

月/周的混频模型的 H 值为0.01，因此在1%的置信度上接受原假设，即拒绝个体固定效应模型，支持个体随机效应模型。单因子模型中，月/周混频个股情绪的调整拟合优度为38.55%，超过同频个股情绪2.98%，还超过了月度市场溢价因子4.09%，另外其t值也是三者之中最高的。这个结果说明月/周混频个股情绪对个股收益的解释能力略大于市场溢价。

月/日的混频模型的 H 统计量为14.76，因此拒绝个体随机效应模型，从而要考虑个体固定效应模型。月/日数据的个体时点固定效应模型的回归结果如表4-7最后一行所示。采用了个体时点固定效应模型，模型的 F 值等于43.85，说明在1%的置信度上接受个体时点固定效应模型。个体时点固定效应模型的显著性说明无论是横截面还是时间截面，回归模型的截距都与个股情绪指标相关，从而也说明应用了混频数据模型，可以捕捉到更多的信息。此时，月/日混频模型的调整拟合优度提高到59.84%，说明月/日混频个股情绪的表现远远超过同频个股情绪、市场溢价因子和周/日混频因子。

由于个体随机效应模型不支持月/日混频个股情绪，表4-8仅提供包含月/周混频个股情绪的两因子回归结果和四因子回归结果。两因子模型和四因子回归模型的 H 值（0.65和0.50）都较小，因此在1%的置信度上接受原假设，从而拒绝个体固定效应模型，支持个体随机效应模型。在两因子模型中，月/周混频个股情绪与市场溢价的标准化系数之比为1.13，说明混频个股情绪对个股收益的影响力大于市场溢价。增加三因子作为控制变量，月/周混频个股情绪对个股收益的影响依然非常大，t 统计值为99.00，接近于市场溢价的 t 统计值，高于其他两个因子。

总之，混频模型的结果都显示，混频个股情绪相对于同频个股情绪表现更好，其拟合优度和敏感系数都有相当程度的提高，而且采用更高频的混频模型，可以扑捉到更多的个股情绪的信息，可以超越传统市场溢价因子。

第四章 个股情绪与股票收益的联动性研究

表4-8　　　　　　　　多因子面板数据模型的回归结果

频率	α	β_{ISS}	β_{Rmrf}	β_{SMB}	β_{HML}	Adj. R^2	HST
月/周	-0.0152*** (19.72)	0.1725*** (99.00)	0.7848*** (107.99)	0.9568*** (65.28)	-0.1780*** (-6.70)	61.4%	0.65
月/周	0.0290*** (36.17)	0.1967*** (106.35)	0.6823*** (94.46)	——	——	54.38%	0.50

五、稳健性

使用 Almon 多项式函数和对应的参数，回归结果与等权重的结果保持一致，即混频个股情绪优于同频个股情绪，而且在频率足够高时，可以超越市场溢价因子。另外，本书前文的分析以上海 A 股为基础，本书采取深圳 A 股重复前文的所有分析，主要结论与前文基本一致。本书的主要结论在不同的地域跨度上是稳健的。

表4-9 报告了对不同市值类别的股票进行四因子面板数据回归分析的结果（包括个股情绪的贝塔系数以及月化贝塔系数）。回归结果表明无论是大市值股票还是小市值股票，个股情绪的影响力都随着时间的增加而递减，存在一个单调下降的期限结构。

表4-9　　　　　　　　期限结构：不同规模的股票

贝塔系数	小	2	3	4	大
日	0.0129	0.0135	0.0136	0.0139	0.0142
周	0.0235	0.0247	0.0221	0.0237	0.0192
月	0.0603	0.0592	0.0636	0.0606	0.0618
月化系数	小	2	3	4	大
日	0.3245	0.3440	0.3449	0.3535	0.3642
周	0.1074	0.1133	0.1011	0.1083	0.0871
月	0.0603	0.0592	0.0636	0.0606	0.0618

六、本章小结

本章选择个股交易金额增长率、个股换手率、滞后一阶个股收益及个股买卖不均衡 BSI 指标作为个股情绪的源变量，应用主成分分析方法构建了个股情绪指数,并对其与个股收益间的关系进行实证分析。单因子和多因子面板数据分析模型的回归结果表明,个股情绪是影响股票价格的系统性因子,个股情绪与个股收益正相关,而且个股情绪的表现超越了传统账面市值比因子和规模因子,接近于市场溢价因子。另外,无论是大市值股票还是小市值股票,无论是单因子模型还是多因子模型,个股情绪对个股收益的影响力随着时间的增加而递减,存在一个单调递减的期限结构。

最后,依据混频数据抽样模型构建的混频个股情绪,在单因子模型和多因子模型当中,其表现优于同频个股情绪,而且采用更高频的混频模型,可以捕捉到更多的个股情绪的信息,可以超越传统市场溢价因子。相对于市场情绪,依据个股数据构建的个股情绪对股票收益的影响更大,因此在实际投资中,本书建议投资者应该更多关注个股情绪的变化。

第五章　基于情绪的静态消费资本资产定价模型

与已有实证研究一致，第三章和第四章的实证研究表明无论是市场情绪还是个股情绪，都与股票收益之间的存在很强的联动性。本章的实证研究主要从个体效应和混频情绪两个角度丰富了基于投资者情绪的行为金融的实证研究。尽管国内外学者对投资者情绪的影响展开了深入的研究，但是偏重于实证研究，模型的构建还处在发展阶段。从第二章的第（三）点的介绍可知，但是目前建立的模型在假设的设定方面存在一些局限性，例如只关注同质情绪投资者（Lawrence，McCabe 和 Prakash，2007，Yang，Xie 和 Yan，2012）。另外，已有模型虽然能够解释了股价泡沫、高波动性等金融异象，但是对异质性情绪的相互作用，投资者情绪对资产价格的长期影响力，收益均值反转等问题的研究尚未开展。由于基于消费的资产定价模型是建立在一般均衡理论框架之上，可以连接消费市场和资本市场，适合探讨异质性投资者的相互作用，而且模型的拓展性也很强，因此本书采用此模型的框架，在后面的章节当中主要是构建基于投资者情绪的消费资本资产定价模型，并对不同的金融异象给出部分解释。

一、模型的建立

在 Campbell 和 Viceira（1999）的框架下，本书首先考虑一个静态的模型，即模型为单期，有两日期 $t=0$ 和 $t=1$，分别代表期初和期末。投资者在期初买入股票，在期末收到股票红利，并清仓。在资本市场上有两个可以交易的资产，分别为无风险债券和股票。假设债券是完全弹性供给，并且无风险利率 r_f 是外生的。股票的供给单位化为 1，并在 $t=1$ 时有一个正的红利 D，且假设 $\ln D \sim N(\overline{D}, \sigma^2)$。设 r 为股票收益率，P_0^* 为均衡价格，

P_0 为初期股票价格,则股票收益为 $r = \ln(D/P_0)$,理性预期收益为:

$$E(r) = E(\ln(D/P_0)) = \overline{D} - \ln P_0$$

上述对红利以及收益的描述,是理性投资者的预期。而情绪投资者对股票的预期和理性投资者的不同。实际上,De Bondt(1993),Hsee(1998),Shiller(2000),Shefrin(2001),Statman,Fisher 和 Anginer(2008)等金融实验的结果都表明投资者情绪影响资产价格或收益。根据上述证据,假定均值 $\overline{D}$ 是与当期投资者情绪有关的函数。

假设投资者对未来的红利有乐观或者悲观的情绪 SI,其中 SI 是情绪随机变量 S 的一个独立抽样值,随机变量 S 具有均值 $\overline{S}$ 和方差 σ_{SI}^2。根据投资者对未来的预期,本书把情绪分为乐观情绪和悲观情绪。具有乐观情绪的投资者对未来的红利持有乐观态度,此时 $SI > 0$,而具有悲观情绪的投资者对未来的红利持有悲观态度,此时 $SI < 0$。当 $SI = 0$ 时,投资者是理性投资者,对未来的预期符合实际情况。

由于投资者对未来的红利有乐观或者悲观的情绪,因此假设主观红利过程满足 $\ln D_s = \ln D + f(SI)$,那么投资者主观的红利均值满足

$$\overline{D}_s = \overline{D} + f(SI)$$

其中函数 $f(SI)$ 是关于投资者情绪的单调递增的函数,并且满足:当投资者持有乐观情绪时($SI > 0$),有 $f(SI) > 0$,从而平均的主观红利大于实际红利($\overline{D}_s > \overline{D}$);当投资者持有悲观情绪时($SI < 0$),有 $f(SI) < 0$,从而平均的主观红利小于实际红利($\overline{D}_s < \overline{D}$);当投资者的主观预期与理性投资者相同时($SI = 0$),有 $f(SI) = 0$,此时平均的主观红利等于实际红利($\overline{D}_s = \overline{D}$)。此时主观红利过程满足 $\ln D_s \sim N(\overline{D} + f(SI), \sigma^2)$,认知收益为 $r_s = \ln(D_s/P_0)$,那么预期认知收益为

$$\begin{aligned} E(r_s) &= E(\ln D_s/P_0) \\ &= E(\ln D_s) - \ln P_0 \\ &= \overline{D} - \ln P_0 + f(SI) \\ &= E(r) + f(SI) \end{aligned}$$

上式表明预期认知收益由股票收益以及情绪影响函数构成,因此情绪影响函数就有了直观的经济含义,即情绪化收益(sentimental return)。

设 θ 是投资者投资于风险资产的比例,则 $1 - \theta$ 是投资者投资于无风险

资产的比例,则认知组合收益为 r_p^s 为 $r_p^s = r_s\theta + r_f(1-\theta)$。假设所有的投资者都有一样的对数偏好效用。在此基础上投资者的最优化消费问题为

$$\max E_0\left[\sum_{t=0}^{1}\beta^t\ln(C_t)\right], 0 < \beta < 1,$$

约束条件为

$$W_1 = r_s\theta(W_0 - C_0) + r_f(1-\theta)(W_0 - C_0)$$

其中,E_0 表示第 0 期期望,C_t 是各期的消费,β 是主观贴现因子 (subjective discount factor),它被用来度量消费者推迟消费的忍耐程度。效用 u 是递增、两阶可微的、凹的连续函数,本书取其具体的形式为:$u(C_t) = \ln C_t$。

类似于求解传统的欧拉方程的方法(具体证明见附录 1),得到下面包含投资者情绪的欧拉方程:

$$1 = E\left(\beta \frac{C_0}{C_1} r_p^s\right)$$

与传统欧拉方程 ($E(\beta r_p C_0/C_1) = 1$) 相比,含有投资者情绪的欧拉方程表明当投资者情绪是乐观时,其认知的主观收益增加,导致当前消费减少;反之,当投资者情绪悲观时,其认知的主观收益减少,导致当前消费增加。当 $\theta = 1$,得到股票价格的定价公式,当 $\theta = 0$,得到无风险债券的定价公式。

二、风险资产需求函数

采用对数效用近似方法对上面的欧拉方程进行近似处理,从而得到最优需求函数(证明见附录 2):

$$\theta = \frac{E(r_s) - r_f + 0.5\sigma^2}{\sigma^2} = \frac{E(r) - r_f + 0.5\sigma^2}{\sigma^2} + \frac{f(SI)}{\sigma^2} = \theta_r + \theta_s \quad (5-1)$$

其中 $\theta_r = \frac{E(r) - r_f + 0.5\sigma^2}{\sigma^2}$,$\theta_s = \frac{f(SI)}{\sigma^2}$。$\theta_r$ 为理性风险资产需求,与 Campbell 和 Viceira (1999) 的结论一致。θ_s 为情绪风险资产需求,反映了情绪投资者对风险资产需求额外需求。

此时需求函数对情绪的一阶导数为

$$\frac{\partial \theta}{\partial SI} = \frac{\partial \theta_s}{\partial SI} = \frac{f'(SI)}{\sigma^2} > 0$$

因此需求函数是关于投资者情绪的单调递增函数。当情绪为乐观情绪时，情绪风险资产需求增加，$\theta > \theta_r$；当情绪为悲观情绪时，情绪风险资产需求减少，$\theta < \theta_r$；当投资者情绪是理性时，$\theta = \theta_r$。总之，情绪值的高低是促使投资者改变其投资风险资产比例的重要因素。

为了量化投资者情绪对风险资产需求函数的影响，依据情绪函数的假定，本书不妨假设一个简单的函数，

$$f(SI) = e^{\alpha SI} - 1, \quad \alpha > 0 \tag{5-2}$$

依据最优风险资产需求函数，进行数值模拟。参数设置如下：设 $E(r) = 0.05$，$r_f = 0.02$，$\sigma = 0.25$，$\alpha = 0.12$，$SI \in [-6, 6]$，则风险投资比例与情绪的图像如图 5-1 所示。图中的虚线是情绪风险资产需求，实线是整体需求。图 5-1 表明随着投资者情绪数值的变化，风险资产的需求增加。这是因为投资者情绪的改变，导致情绪风险资产需求的改变，从而导致整体需求也改变。在这过程中理性风险资产需求一直是不变的。

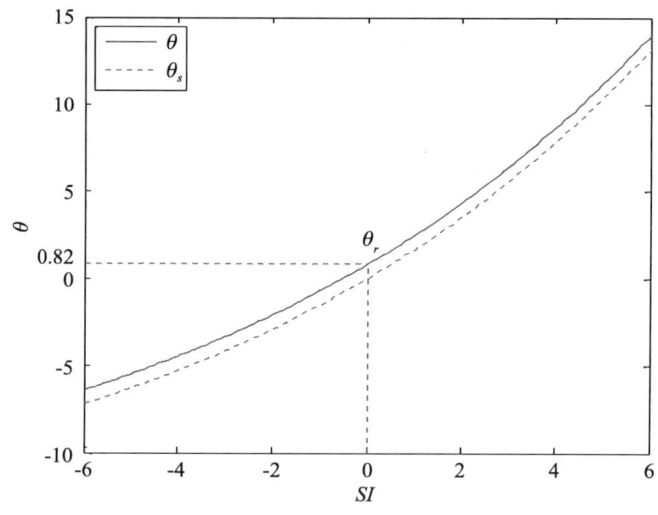

图 5-1 风险资产需求函数

三、资产定价公式

在第二部分得到了最优风险资产需求函数，结合市场出清条件，可以求得风险资产的定价公式。

第五章 基于情绪的静态消费资本资产定价模型

(一) 代表性情绪投资者

假设市场上全都是同质的情绪投资者,即存在一个代表性行为人。那么在市场上该代表性行为人要购买所有的股票,在供给需求均衡时,此时有 $\theta W = P_0^*$。如果 $W\theta > P_0$,则风险资产的需求超过市场上风险资产的供给,投资者的行为可以推高股价,在更高的价格中形成均衡价格。反之,如果当 $W\theta < P_0$,需求不足,股票价格下跌,直到供给需求平衡。当 $W\theta = P_0$,说明供给需求已平衡,此时投资者投资的财富与股票总市值相等。

把最优风险资产需求函数代入均衡条件中,可得

$$\overline{D} + f(SI) - \ln P_0^* = r_f + (\frac{P_0^*}{W} - \frac{1}{2})\sigma^2 \tag{5-3}$$

对上述公式求导,可以得到均衡价格对情绪的敏感性:

$$\frac{dP_0^*}{dSI} = \frac{WP_0^* f'(SI)}{W + P_0^* \sigma^2} > 0$$

上式说明情绪与价格正相关,投资比例与情绪正相关。当情绪越高涨,买进股票越多,从而继续推高股票价格。由于式(5-3)包含了线性式子和非线性式子 $\ln P_0^*$,因此方程没有解析解。对 $\ln P_0^*$ 在财富 W 处进行泰勒展开,取到一阶项,则有近似解

$$P_0^* = W \frac{\overline{D} + f(SI) - r_f + 0.5\sigma^2 + 1 - \ln W}{1 + \sigma^2}$$

当投资者初始财富等于股票价均衡格时,近似解简化为(对定价方程(5-3)直接求解,也有同样的结果):

$$P_0^* = e^{(\overline{D} - r_f) - 0.5\sigma^2} \times e^{f(SI)} = P_r + P_r(e^{f(SI)} - 1) = FR + FS \tag{5-4}$$

其中 $FR = P_r = e^{(\overline{D} - r_f) - 0.5\sigma^2}$,$FS = P_r(e^{f(SI)} - 1)$。

方程(5-4)表明均衡价格由两部分构成:理性部分和情绪部分。理性部分就是理性价格,而情绪部分是情绪对资产价格造成影响所贡献出来的部分,是投资者情绪力量的展现,因此称之为情绪力量。情绪价格受到投资者情绪的直接影响,而且导致均衡价格远离基础价值。特别地,当投资者为理性投资者,即 $SI = 0$,此时均衡价格等于理性价格。但是这个特例要求投资者是完全理性的,不符合实际市场当中投资者存在非理性行为的现象。如果是相对于理性价格而言,情绪力量也可以称为情绪价格。

情绪价格与理性价格有以下不同:理性价格是由实际红利等决定,而

情绪价格由投资者情绪决定；理性价格不因投资者不同而改变，而每个人的投资者情绪不同，导致情绪价格是因人而异；理性价格是大于零的常数，而当投资者情绪是乐观情绪时，情绪价格为正，导致均衡价格上涨，当投资者情绪是悲观情绪时，情绪价格为负，导致均衡价格下跌。

定义度量市场有效性指标 E

$$E = \frac{FR}{FR + |FS|} \quad (5-5)$$

即理性价格与理性价格和情绪价格的绝对值之和的比率。假设投资者情绪是乐观情绪，此时情绪力量为正向力量时（情绪价格为正）。当 $FR < FS$ 时，即理性价格低于情绪价格，市场理性力量小于正向情绪力量。此时 $E < \frac{1}{2}$，均衡价格从正向偏离基础价值，市场有效性较低。特别地，当 $FR \ll FS$，即情绪价格远远大于理性价格时，此时 $E \to 0$，市场存在泡沫。当 $FR > FS$ 时，即理性价格超过情绪价格，市场的理性力量大于正向情绪力量，此时 $E > \frac{1}{2}$。虽然均衡价格正向偏离基础价值，但是相对于 $E < \frac{1}{2}$ 的情况，此时偏离程度较小，说明市场有效性较高。特别地，当投资者情绪为零时，此时 $E = 1$，市场有效性最高。

假设投资者情绪是悲观情绪，此时情绪力量为负向力量时（情绪价格为负）。当 $FR < 2|FS|$ 时，即理性价格低于 2 倍情绪价格，市场理性力量小于 2 倍负向情绪力量，此时 $E < \frac{2}{3}$，均衡价格负向偏离基础价值，市场有效性较低。特别地，当 $|FS| \to FR$ 时，即负向情绪价格接近于理性价格时，股票价格趋于零，股票面临退市，此时 $E \to 0.5$。当 $FR > 2|FS|$ 时，即理性价格超过 2 倍情绪价格，市场的理性力量大于 2 倍负向情绪力量，此时 $E > \frac{2}{3}$，均衡价格接近于基础价值，说明市场有效性较高。特别地，当投资者情绪为零时，此时 $E = 1$，均衡价格等于基础价值，市场有效性最高。

当均衡价格满足方程（5-4）时，市场有效性指标为

$$E_1 = \frac{FR}{FR + |FS|} = \frac{P_r}{P_r + P_r|e^{f(SI)} - 1|} = \begin{cases} e^{-f(SI)}, & SI > 0 \\ 1, & SI = 0 \\ (2 - e^{f(SI)})^{-1}, & SI < 0 \end{cases} \quad (5-6)$$

可见市场有效性指标受到情绪的显著影响,是投资者情绪的分段函数,呈现倒挂的 U 形。为了量化投资者情绪对均衡价格和市场有效性的影响,依据情绪函数的假定,不妨假设一个简单的函数:$f(SI) = e^{\alpha SI} - 1$。基于定价公式以及有效性指标的计算公式,进行数值模拟。有关参数设置如下:设 $E(r) = 0.05$,$r_f = 0.02$,$\sigma = 0.25$,$\alpha = 0.12$,$SI \in [-6,6]$,则均衡价格以及有效性指标如图 5-2 所示。

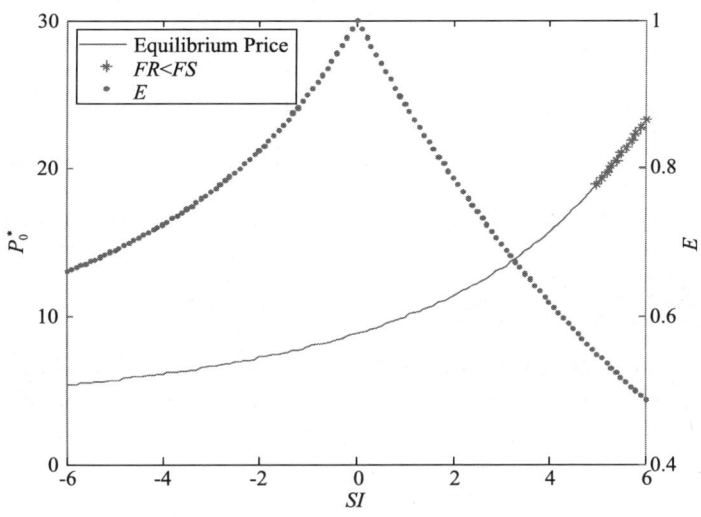

图 5-2 均衡价格、市场有效性和投资者情绪

(二) 理性投资者和情绪投资者

传统定价模型假设投资者都是同质的,即对未来的预期是一致的,例如风险厌恶系数、收益和风险。但在现实中投资者受到不同的教育、家庭环境以及时代环境的影响,存在形形色色的异质性。在相同的情况下,对情绪较敏感的投资者,例如个人投资者,情绪敏感系数较大,对情绪较不敏感的投资者,情绪敏感系数较小。下面的讨论围绕不同类别的投资者展开,先从常见的两类投资者,再过渡到 N 类投资者。

对两类投资者的研讨由来已久,在早期众多研究者聚集于理性投资者与非理性的投资者的讨论。例如费里德曼(1953)和 Fama(1970)反对非理性投资者在价格形成当中的重要作用,他们认为非理性交易者的行为会被套利者消除,使得股票价格接近于基础价值。然而 De Long,Shleifer,Summer 等(1991),Kogan,Stephen,Wang 等(2006),Yan(2008),

Yan (2010) 等等认为噪音交易者并不会被清除出市场。为了研究理性投资者和非理性投资者的相互作用，下面把上述代表性投资者的静态模型扩展成含有理性投资者和情绪投资者的静态模型。

设市场上存在两类投资者，分别为理性投资者和情绪投资者。理性投资者的财富为 W_r，占总财富的比例为 w，情绪投资者的财富为 W_s，占总财富的比例为 $1-w$。当市场出清时，有

$$\theta_s W_s + \theta_r W_r = P_0^*$$

把最优需求函数代入上式，从而有（具体证明见附录3）

$$\overline{D} - \ln P_0^* = r_f + \left(\frac{P_0^*}{W} - \frac{1}{2}\right)\sigma^2 - (1-w)f(SI)$$

由于上式包含了线性式子和非线性式子 $\ln P_0^*$，因此方程没有解析解。对 $\ln P_0^*$ 在财富 W 处进行泰勒展开，取到一阶项，则有近似解

$$P_0^* = W\frac{\overline{D} + (1-w)f(SI) - r_f + 0.5\sigma^2 + 1 - \ln W}{1 + \sigma^2}$$

当投资者全部的初始财富等于股票价均衡价格时，上述方程存在解析解：

$$P_0^* = e^{(\overline{D}-r_f)-0.5\sigma^2} \times e^{(1-w)f(SI)} = P_r e^{(1-w)f(SI)} = P_r + P_r(e^{(1-w)f(SI)} - 1) = FR + FS \tag{5-7}$$

其中 $FR = P_r = e^{(\overline{D}-r_f)-0.5\sigma^2}$，$FS = P_r(e^{(1-w)f(SI)} - 1)$。

类似于方程(5-4)，方程(5-7)表明均衡价格由两部分构成：理性部分和情绪部分。相对于方程(5-4)，情绪力量 FS 由于情绪投资者的财富减少而得到削弱。当情绪作用函数为 $f(SI) = e^{\alpha SI} - 1$ 时，均衡价格对情绪的敏感性为：

$$\frac{dP_0^*}{dSI} = \frac{W(1-w)P_0^* \alpha e^{\alpha SI}}{W(1-w) + P_0^* \sigma^2} > 0$$

上式说明情绪与价格正相关，当情绪投资者的财富比例较高时，对价格影响力度加大，反之理性投资者的财富比例较高时，情绪影响降低，价格较平稳。因此财富比例放大了投资者情绪的影响力。

依据情绪函数的假定，不妨假设一个简单的函数：$f(SI) = e^{\alpha SI} - 1$。对定价公式(5-7)进行数值模拟，参数设置如下：设 $E(r) = 0.05$，$r_f = 0.02$，$\sigma = 0.25$，$\alpha = 0.12$，$SI \in [-6,6]$，则在不同财富比例的情况下，股票价格和投资者情绪的关系如图5-3所示。

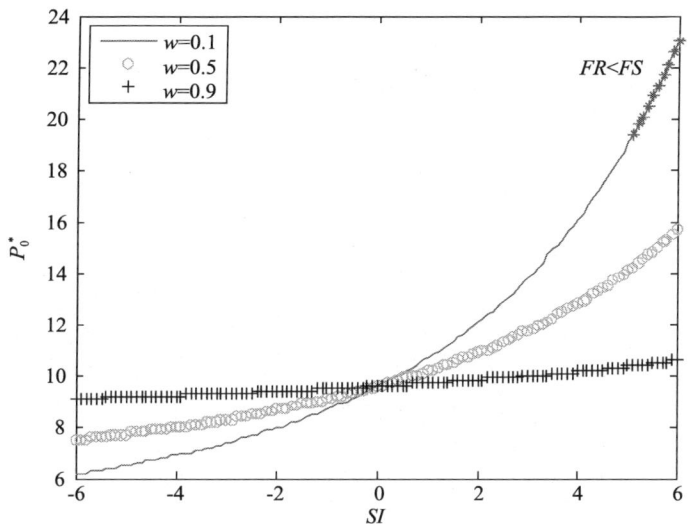

图 5-3 不同财富比例之下的均衡价格

市场有效性指标 E 为

$$E_2 = \frac{FR}{FR+|FS|} = \frac{P_r}{P_r + P_r |e^{(1-w)f(SI)} - 1|}$$

$$= \begin{cases} e^{-(1-w)f(SI)}, & SI > 0 \\ 1, & SI = 0 \\ (2 - e^{(1-w)f(SI)})^{-1}, & SI < 0 \end{cases} \quad (5-8)$$

上式与公式 (5-6) 相比, 可得

$$\frac{E_1}{E_2} = \begin{cases} e^{-f(SI)}/e^{-(1-w)f(SI)} > 1, & SI > 0 \\ 1, & SI = 0 \\ (2 - e^{(1-w)f(SI)})/(2 - e^{f(SI)}) > 1, & SI < 0 \end{cases}$$

可知当存在理性投资者时, $E_1 \geq E_2$, 市场有效性得到了提高。原因在于理性投资者占有一部分市场财富, 以此对抗情绪投资者。理性投资者的财富比例越高, 均衡价格越趋于基础价值, 从而市场有效性越强。也就是财富比例的变动导致市场有效性的改变。依据情绪函数的假定, 不妨假设一个简单的函数: $f(SI) = e^{\alpha SI} - 1$。对市场有效性指标进行数值模拟, 参数设置如下: 设 $E(r) = 0.05, r_f = 0.02, \sigma = 0.25, \alpha = 0.12, SI \in [-6, 6]$。则在不同的财富比例如之下, 市场有效性指标的变动如图 5-4 所示:

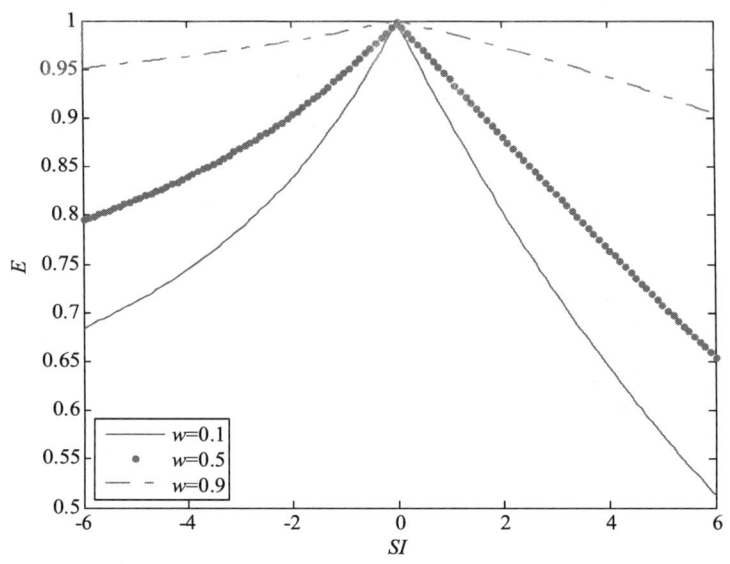

图 5-4　不同财富比例之下的市场有效性指标

(三) 乐观情绪投资者和悲观情绪投资者

理论界偏向讨论理性投资者和非理性投资者的综合作用，但是在实际市场，纯粹理性的投资者并不存在，更一般的情况是存在悲观情绪投资者和乐观情绪投资者。悲观情绪投资者对未来的预期比理性投资者的预期悲观，因此会减持股票，即风险资产需求减少。而乐观情绪投资者对未来的预期比理性投资者的预期乐观，是乐观的买方，因此会增持股票。杨春鹏和闫伟（2012）构建双向情绪投资者认知价格理论模型，他们发现在市场上乐观（正向）情绪投资者与悲观（负向）情绪投资者综合作用时，乐观情绪投资者数量的增加将导致市场平均情绪水平高涨，并最终推高资产价格。为了讨论悲观情绪投资者和乐观情绪投资者的行为对均衡价格的影响，本书把这两种投资者加入到静态资产定价模型。

假设悲观投资者的财富占总财富的比例为 w，悲观情绪 $SI_1 < 0$，乐观投资者的为 $1-w$，乐观情绪 $SI_2 > 0$。当市场出清时，有

$$\theta_1 W_1 + \theta_2 W_2 = P_0^* \cdot 1,$$

类似于附录 3 的证明，有

$$\overline{D} - \ln P_0^* = r_f + \left(\frac{P_0^*}{W} - \frac{1}{2}\right)\sigma^2 + wf(SI_1) + (1-w)f(SI_2) \quad (5-9)$$

第五章 基于情绪的静态消费资本资产定价模型

由于上式包含了线性式子和非线性式子 $\ln P_0^*$，因此方程没有解析解。对 $\ln P_0^*$ 在财富 W 处进行泰勒展开，取到一阶项，则有近似解

$$P_0^* = W\frac{\overline{D} + wf(SI_1) + (1-w)f(SI_2) - r_f + 0.5\sigma^2 + 1 - \ln W}{1 + \sigma^2}$$

当所有投资者的财富与风险资产的均衡价值相等时，上述方程存在解析解：

$$\begin{aligned}P_0^* &= e^{(\overline{D} - r_f - 0.5\sigma^2)} \times e^{(wf(SI_1) + (1-w)f(SI_2))} \\ &= P_r + P_r(e^{(wf(SI_1) + (1-w)f(SI_2))} - 1) \\ &= FR + FS\end{aligned} \qquad (5-10)$$

其中 $FR = P_r$，$FS = P_r(e^{(wf(SI_1) + (1-w)f(SI_2))} - 1)$。

从上式可知，当且仅当 $wf(SI_1) + (1-w)f(SI_2) = 0$ 时，情绪对价格无影响，即悲观情绪与乐观情绪相互抵消。上述公式说明传统观点只是一种特例，而且投资者情绪和财富在反驳传统观点当中扮演重要角色。情绪值的高低是促使投资者改变其投资风险资产比例的重要因素，而投资者的财富则放大了投资者情绪的影响力。情绪的总体影响力具有财富比例加权的情绪结构，即投资者的财富越大，则该投资者的情绪对资产价格影响越大，反之亦然。

在某种财富禀赋情况下，一方面，乐观投资者对风险资产需求更多，推高风险资产的均衡价格；另一方面，悲观投资者对风险资产需求减少，拉低风险资产的均衡价格。两类投资者综合作用的结果，只有特殊情况才会把投资者情绪相互抵消，而在一般情况下投资者情绪仍然影响均衡价格。至于是乐观情绪取主导作用，还是悲观情绪取主导作用，取决于投资者情绪的高低以及他们的财富。依据情绪函数的假定，不妨假设一个简单的函数：$f(SI) = e^{\alpha SI} - 1$。数值模拟如下：设 $E(r) = 0.05$，$r_f = 0.02$，$\sigma = 0.25$，$\alpha = 0.12$，$w = 0.5$，$SI \in [-6, 6]$，则悲观情绪和乐观情绪相互作用的数值化例子如图 5-5 所示：

在某种乐观情绪和悲观情绪组合之下，由于投资者财富的不同，导致以财富为权重的情绪综合作用并不趋于零，也就是情绪作用不能被抵消。数值模拟如下：设 $f(SI) = e^{\alpha SI} - 1$，$E(r) = 0.05$，$r_f = 0.02$，$\sigma = 0.25$，$\alpha = 0.12$，$SI \in [-6, 6]$，则均衡价格与财富比例的关系如图 5-6 所示。从图中可见，当悲观情绪投资者的财富比例从零增加 1 的过程中，均衡价格受悲观情绪的影响，呈现直线下降的趋势。类似的，均衡价格受乐观情绪的

影响，呈现直线上升的趋势。

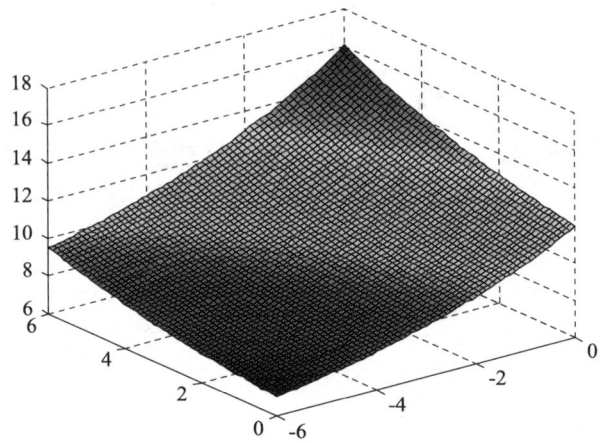

图 5-5　乐观情绪与悲观情绪

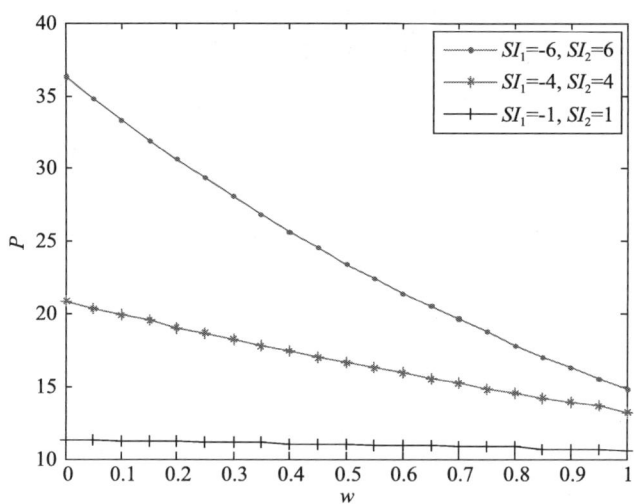

图 5-6　均衡价格与悲观情绪投资者的财富比例 w 的关系

市场有效性指标 E 为

$$E_3 = \frac{FR}{FR + |FS|} = \frac{P_r}{P_r + P_r|e^{wf(SI_1) + (1-w)f(SI_2)} - 1|}$$

$$= \begin{cases} e^{-wf(SI_1) - (1-w)f(SI_2)}, & wf(SI_1) + (1-w)f(SI_2) > 0 \\ 1, & wf(SI_1) + (1-w)f(SI_2) = 0 \\ (2 - e^{wf(SI_1) + (1-w)f(SI_2)})^{-1}, & wf(SI_1) + (1-w)f(SI_2) < 0 \end{cases} \quad (5-11)$$

假定市场的情绪力量为正（即乐观情绪的力量超越悲观情绪的力量），公式（5-8）当中情绪投资者的情绪与公式（5-11）当中的乐观情绪相同即 $SI = SI_2$，财富比例也一样可得，那么

$$E_2/E_3 = e^{wf(SI_1)+(1-w)f(SI_2)}/e^{(1-w)f(SI_2)} = e^{wf(SI_1)} < 1$$

由上式可知，在此种情况下，相对于理性投资者，悲观情绪投资者的副作用，导致悲观情绪与部分乐观情绪部分相互抵消了，从而提高了市场有效性。原因在于悲观投资者占有一部分市场财富，以此对抗情绪投资者。悲观投资者的财富比例越高，均衡价格越趋于基础价值，从而市场有效性越强。反之，假定市场的情绪力量为负，也有类似结果。总之，悲观情绪的力量可以与乐观情绪的力量相互抵消一部分，从而提高了市场有效性，在此过程中财富比例的变动可以导致市场有效性的改变。数值模拟如下：设 $f(SI) = e^{\alpha SI} - 1$，$E(r) = 0.05$，$r_f = 0.02$，$\sigma = 0.25$，$\alpha = 0.12$，$SI \in [-6,6]$，则财富比例的变动与市场有效性的关系如图 5-7 所示：

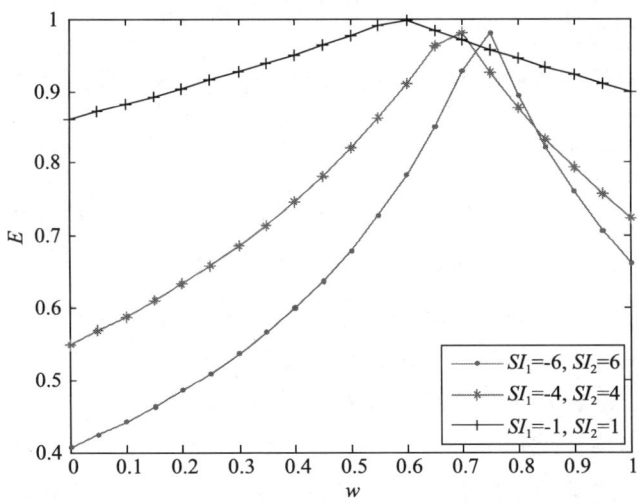

图 5-7 财富比例与市场有效性

（四）N 类投资者

在（三）和（四）中，本书简单地假设市场上存在两类投资者，实际上在早期 Friedman（1953）和 Fama（1970）认为市场上存在许多意见不统一的非理性投资者，只不过由于理性投资者的行为可以把这些非理性投资者清除出市场，才把市场的投资者归结为只有理性投资者。Yan（2010）

假设市场存在 N 类投资者,并说明了当人数趋于无穷时,噪音交易者被清除出市场的均衡条件需要满足非常严格的条件,也就是说在实际的股票市场上存在大量的异质性投资者并没有被清除,反而对均衡价格有重要的影响。为了讨论 N 类异质性情绪的投资者是否对均衡价格产生影响以及其相互的作用,因此本书假设市场存在 N 类异质性情绪的投资者。假设第 i 类人的财富为 W_i,财富比例为 w_i,其情绪为 SI_i。由均衡条件有

$$\theta_1 W_1 + \theta_2 W_2 + \theta_3 W_3 + \cdots + \theta_N W_N = P_0^* \cdot 1,$$

类似与附录 3 的证明,得到定价方程:

$$\overline{D} - \ln P_0^* = r_f + \left(\frac{P_0^*}{W} - \frac{1}{2}\right)\sigma^2 - \sum_{i=1}^{N} w_i f(SI_i) \quad (5-12)$$

由于上式包含了线性式子和非线性式子 $\ln P_0^*$,因此方程没有解析解。对 $\ln P_0^*$ 在财富 W 处进行泰勒展开,取到一阶项,则有近似解:

$$P_0^* = W \frac{\overline{D} + \sum_{i=1}^{N} w_i f(SI_i) - r_f + 0.5\sigma^2 + 1 - \ln W}{1 + \sigma^2}$$

当所有投资者的财富与风险资产的均衡价值相等时,上述方程存在解析解。记 $TS = \sum_{i=1}^{N} w_i f(SI_i)$,则:

$$P_0^* = e^{\overline{D} - r_f - 0.5\sigma^2 + TS} = e^{\overline{D} - r_f - 0.5\sigma^2} e^{TS} = P_r + P_r(e^{TS} - 1) = FR + FS \quad (5-13)$$

其中 $FR = P_r = e^{\overline{D} - r_f - 0.5\sigma^2}$,$FS = P_r(e^{TS} - 1)$。

上述定价公式说明,在众多情绪投资者交易的市场中,情绪的总体影响力具有财富比例加权的情绪结构,即投资者的财富越大,则该投资者的情绪对资产价格影响越大,反之亦然。

如果市场是只由众多分散的小投资者构成时,由于均衡价格具有财富比例加权的情绪结构,因此他们的随机行为对资产价格没有影响。这个就是传统金融阐述的观点,也就是当且仅当 $TS = 0$ 时,情绪对风险资产价格在整体上无影响。但是这个观点对财富禀赋的联合分布、组合所持有的股份和投资者情绪的设置具有非常严格的限制时,情绪才在总体水平被抵消。例如 $f(SI_i) = SI_i$,$w_i = 1/N$,$\bar{S} = 0$,则

$$\lim_{N \to \infty} TS = \lim_{N \to \infty} \sum_{i=1}^{N} w_i f(SI_i) = \lim_{N \to \infty} \frac{1}{N} \sum_{i=1}^{N} SI_i = \bar{S} = 0$$

此时有效性指标 $E_4 = 1$,市场有效性指标达到最高。然而在一般情况

之下，$TS \neq 0$，投资者情绪在总体上并没有被完全抵消，剩余的 TS 仍然对均衡价格有影响。从上面的特例可知，当市场是由众多分散的小投资者构成时，情绪均值对资产价格有重要影响。因为其反映的是市场整体投资者情绪，当情绪均值大于零时，资产均衡价格上升，反之，当情绪均值小于零时，资产均衡价格下跌。对定价公式进行数值模拟，参数设置如下：设 $N=100$，$f(SI)=e^{\alpha SI}-1$，$E(r)=0.05$，$r_f=0.02$，$\sigma=0.25$，$\alpha=0.12$。则情绪均值与均衡价格的关系如图 5-8 所示。

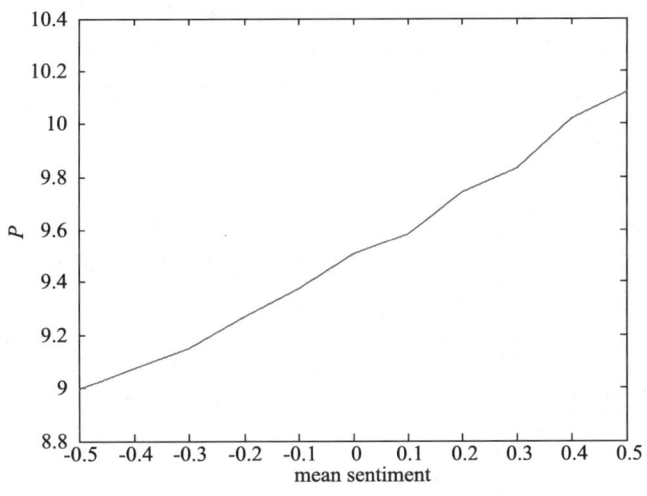

图 5-8　情绪均值与均衡价格

如果除了大量的散户，市场还存在机构投资者，那么其拥有的举足轻重的财富，可以放大情绪的作用，使得投资者情绪对价格产生重大影响。例如假设机构投资者为情绪投资者，而其他散户的投资行为是不相关的，即散户的行为不能对机构投资者产生制约作用。此时，机构投资者情绪对资产价格的影响非常巨大。如果散户有从众心理，跟随机构投资者，那么就产生羊群效应。此时，机构情绪对资产价格的影响非常巨大，容易产生价格泡沫的异象。

如果机构投资者为理性投资者，则其理性行为对不相关的散户行为产生巨大的制约作用。不管散户是理性还是非理性，只要散户的行为是随机的，此时机构投资者主宰市场。这个情况与传统的观点一致。但是 Kumar 和 Lee（2006）的实证研究表明散户的交易是相关的，那么联合起来的散户也相当于另外一个非理性投资者，模型类似于本章第三部分第二点，此时投资者情绪对均衡价格有显著影响。

四、本章小结

本章在基于消费的资产定价模型框架下加入投资者情绪，建立了基于投资者情绪的静态资产定价模型。模型首先假设市场上只有两种资产：风险资产和无风险资产，并假设投资者对股票未来的红利有其主观看法，即投资者情绪影响其对未来红利的预期。然后通过最优化的方法得到了包含情绪的欧拉方程，并采用对数效应近似方法得到了最优风险资产投资函数。最后，在市场均衡的条件下，得到了代表性投资者和异质性投资者的静态资产定价公式。

静态定价模型表明投资者情绪是资产定价的重要系统因子，对价格偏离价值的异象给出了一部分解释。其中情绪的重要性体现在情绪指标的高低以及情绪投资者的财富大小，情绪值的高低是促使投资者改变其投资风险资产比例的重要因素，而投资者的财富则放大了投资者情绪的影响力。在众多情绪投资者交易的市场中，情绪的总体影响力具有财富比例加权的情绪结构，即投资者的财富越大，则该投资者的情绪对资产价格影响越大，反之亦然。数值模拟的结果也支持了静态资产定价模型的结论。总之，在静态模型中投资者情绪对均衡价格有重要影响。

第六章　基于情绪的动态消费资本资产定价模型

第五章从静态模型的角度解释了投资者情绪对均衡价格的影响机理。但是静态模型设定投资者只能交易一次,在现实市场当中,交易者存在频繁交易的现象,而这些交易导致投资者的财富随着时间在改变。另外在静态模型中投资者情绪一直是不变的,而事实上,投资者情绪具有易变性的特征。例如当投资者接收到更多信息时,会更新其预期。因此动态的资产定价模型的设定与实际市场的情况更加接近。为此,本章把静态模型推广到动态资产定价模型,主要研究当投资者情绪随着时间变化时,时变情绪对资产价格的影响,以及在动态环境中投资者情绪是否会对投资者的财富比例产生影响。

一、模型的建立

在基于消费的资产定价模型框架下,考虑一个最简单的两期动态模型,此模型有三个日期 $t=0,1,2$。假设对于 $t=1,2$,消费满足如下过程:

$$\ln C_t = \ln C_{t-1} + g_t^c \tag{6-1}$$

其中 g_t^c 增长率是独立同正态分布 (i.i.d. $N(\mu_c, \sigma_c^2)$)。资本市场上有两种资产,无风险资产和风险资产(股票)。股票在三个日期都有发放正的红利,这些红利满足如下过程:

$$\ln D_t = \ln D_{t-1} + g_t^D \tag{6-2}$$

其中 g_t^D 增长率是独立同正态分布的 (i.i.d. $N(\mu_D, \sigma_D^2)$)。Campbell(2003) 的研究表明消费增长率 g_t^c 和红利增长率 g_t^D 的相关性为 0.05,可近似认为独立。

假设受情绪影响的投资者 i 对股票红利的平均增长率有乐观或者悲观

的看法，其主观预期为：
$$\mu_D^i = \mu_D + f(SI_i) \tag{6-3}$$

其中 SI_i 和 $f(SI_i)$ 的假定类似于静态模型的假定，即投资者情绪是情绪随机变量 S 的一个独立抽样值，随机变量 S 具有均值 $\bar{S}$ 和方差 σ_{SI}^2。函数 f 是关于投资者情绪的单调递增的函数，并且满足：当投资者持有乐观情绪时（$SI_i > 0$），有 $f(SI_i) > 0$，从而主观的平均增长率大于实际红利（$\mu_D^i > \mu_D$）；当投资者持有悲观情绪时（$SI_i < 0$），有 $f(SI_i) < 0$，从而平均的主观红利小于实际红利（$\mu_D^i < \mu_D$）；当投资者的主观预期与实际吻合时（$SI_i = 0$），有 $f(SI_i) = 0$，此时平均的主观红利等于实际红利（$\mu_D^i = \mu_D$）。

在上述假定之下，投资者 i 的目标函数为
$$\max E_0^i \left[\sum_{t=0}^{2} \beta^t u(C_t^i) \right], 0 < \beta < 1, \tag{6-4}$$

其中，E_0 表示第 0 期期望，C_t^i 是投资者 i 在各期的消费，u 是递增、两阶可微的、凹的连续函数，设其具体的形式为对数函数：$u(C_t^i) = \ln C_t^i$。β 是主观贴现因子，它被用来度量消费者推迟消费的忍耐程度。投资者投资于风险资产，其约束条件为
$$W_{t+1}^i = r_{t+1}^s (W_t^i - C_t^i), \quad t = 0, 1 \tag{6-5}$$

其中 r_{t+1}^s 为股票在 $t+1$ 期的认知收益率。认知收益率满足：
$$r_1^s = \ln((D_1 + P_1)/P_0) = \ln((D_0 \times e^{g_1^D(SI)} + P_1)/P_0) \tag{6-6}$$
$$r_2^s = \ln(D_2/P_1) = \ln(D_1 e^{g_2^D(SI)}/P_1) \tag{6-7}$$

其中 $E(g_1^D(SI)) = E(g_2^D(SI)) = \mu_D + f(SI)$。

类似于求解传统的欧拉方程的方法，得到下面包含投资者情绪的欧拉方程：
$$1 = E(\beta (C_{t+1}/C_t)^{-1} r_t^s) \tag{6-8}$$

与传统欧拉方程（$1 = E(\beta (C_{t+1}/C_t)^{-1} r_t)$）相比，含有投资者情绪的欧拉方程表明当投资者情绪是乐观时，其认知的主观收益增加，导致当前消费减少；反之，当投资者情绪悲观时，其认知的主观收益减少，导致当前消费增加。

二、代表性投资者

(一) 理性投资者

假设在同质的经济环境中,只有一类理性的代表性行为人。根据传统的欧拉方程,可以得到定价方程:

$$P_0^r = D_0(k + k^2) \tag{6-9}$$

$$P_1^r = D_1 \times k \tag{6-10}$$

其中 $k = \beta e^{\mu_D - \mu_c + 0.5(\sigma_D^2 + \sigma_c^2)}$。Campbell(2003)依据美国市场的数据,估计相关参数如下:$\mu_D = 2\%$,$\mu_c = 2\%$,$\sigma_D = 15\%$,$\sigma_c = 2\%$,从而参数 k 的估计值为 0.9913。

对比上述两个公式,可知 0 期均衡价格由包含红利的两项式子构成,而 1 期均衡价格由包含红利的一项式子构成。定价公式 (6-9) 和 (6-10) 的含义是股票均衡价格与未来的股票红利相关。由于在 0 期拥有两期的股票红利,因此 0 期股票价格受到两次红利的影响。而在 1 期未来只有 1 期股票红利,因此 1 期价格只受到一次红利的影响。由于 0 期的两个红利当中包含了 1 期的单个红利,因此一般来说 0 期均衡价格要大于 1 期均衡价格。但是在牛市当中,出现了早期价格低于后期价格。这个现象用传统的定价公式难以解释。这个现象如图 6-1 所示。参数设置如下:$D_0 = 1$,$D_1 = 1.8$,$\mu_D = 2\%$,$\mu_c = 2\%$,$\sigma_D = 15\%$,$\sigma_c = 2\%$。

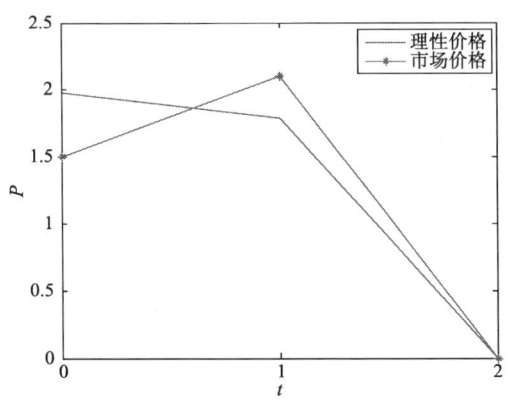

图 6-1 理性价格和市场价格

与传统定价理论不同，行为金融认为均衡价格受到投资者心理的影响。例如投资者在牛市前期对股票收益的预期没有像后期那么乐观，从而在前期股票价格低于后期价格。在下一小节，本书将展开投资者情绪对股票价格影响的讨论。

（二）情绪投资者

假设在同质的经济环境中，只有一个受自身情绪影响的代表性行为人。类似于求解传统的定价方程（具体证明见附录4），得到下面的定价方程：

$$P_0 = D_0(ke^{f(SI)} + k^2 e^{2f(SI)}) = P_0^r + D_0(k(e^{f(SI)} - 1) + k^2(e^{2f(SI)} - 1)) = P_0^r + P_0^s \quad (6-11)$$

其中 $P_0^s = D_0(k(e^{f(SI)} - 1) + k^2(e^{2f(SI)} - 1))$。类似地，1期股票价格为

$$P_1 = D_1 \times k \times e^{f(SI)} = P_1^r + P_1^r(e^{f(SI)} - 1) = P_1^r + P_1^s \quad (6-12)$$

其中 $P_1^s = P_1^r(e^{f(SI)} - 1)$。

从公式（6-11）和（6-12）可知，均衡价格由两部分构成：理性部分和情绪部分。理性部分是理性价格，情绪部分是投资者情绪驱动的情绪价格。当情绪为0时，情绪价格为0，此时定价公式与传统定价公式一致。一般地，乐观投资者情绪导致正的情绪价格，从而放大均衡价格，悲观投资者情绪导致负的情绪价格，从而降低均衡价格。

为了从数量上展示情绪价格和理性价格的差异，下面进行数值模拟。情绪影响函数假设为 $f(SI) = e^{\alpha SI} - 1$，其中 α 是大于0的常数。模型参数如下：$D_0 = 1$，$D_1 = 1.8$，$\mu_D = 2\%$，$\mu_c = 2\%$，$\sigma_D = 15\%$，$\sigma_c = 2\%$，$\alpha = 0.1$，$SI \in [-6, 6]$。数值模拟如图6-2所示。该图表明情绪价格随之情绪的增加而上涨。当情绪高涨到一定程度，情绪价格可以超越理性价格。

对比定价公式（6-11）和（6-12），可知0期均衡价格受到两期情绪影响，由于此时对未来两期的情况都不能确定，因此受情绪的影响较大；而1期均衡价格只受到一期情绪影响，由于只对2期的情况不确定，受到情绪影响相对较小。也就是说随着股票清算日子的临近，信息得到陆续的披露，均衡价格越趋于基础价值。

传统观点认为当均衡价格没有受到投资者情绪影响时，由两部分红利贴现组成的0期价格一般大于只由一部分红利贴现组成的1期价格。但是当均衡价格受到投资者情绪影响时，0期价格可能低于1期价格。其充要条件为 $f(SI) < \ln(D_1/D_0 - 1) - \ln(k)$。

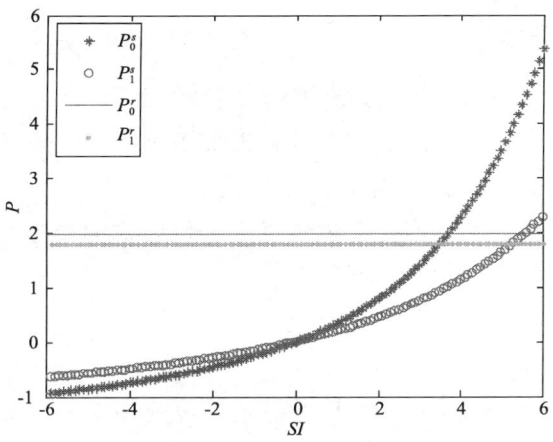

图 6-2　理性价格和情绪价格

为了从数量上展示情绪对均衡价格的影响，下面进行数值模拟。情绪影响函数假设为 $f(SI)=e^{\alpha SI}-1$，其中 α 是大于 0 的常数。模型参数如下：$D_0=1$，$D_1=1.8$，$\mu_D=2\%$，$\mu_c=2\%$，$\sigma_D=15\%$，$\sigma_c=2\%$，$\alpha=0.1$，$SI\in[-6,6]$。数值模拟如图 6-3 所示。该图表明均衡价格随着投资者情绪的增加而递增。例如当投资者情绪从 -6 变化到 6 的过程中，0 期均衡价格从 1.03 增加到 7.34，1 期均衡价格从 0.66 增加到 2.37，价格变化（$\Delta P=P_1-P_0$）从 0.14 减少到 -1.82。在投资者情绪处在区间[-6,2]时，1 期均衡价格一直大于 0 期价格。也就是投资者情绪增加了股票价格的波动性。因此对于高波动性的金融异象，模型给出了一部分解释。

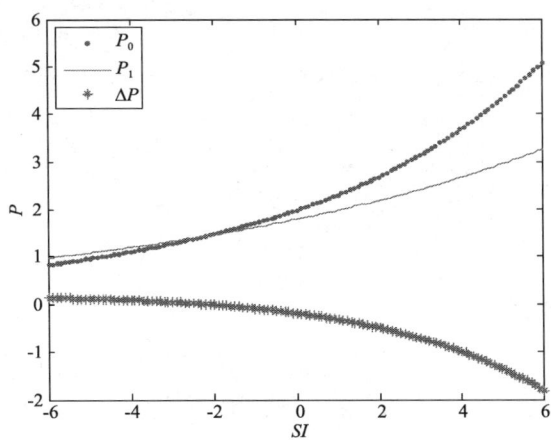

图 6-3　两期均衡价格与投资者情绪

(三) 时变情绪

传统资产定价模型有一个显著的特征：投资者信念没有随着时间的推移而改变。这个假设过于简单，而且和现实不相吻合。为了研究时变情绪的动态效果，在这一节放松这个假设。假设在 0 期投资者情绪 SI_0 是与 1 期投资者情绪不同。类似不变情绪的资产定价公式的推导，则均衡价格满足下面的方程：

$$P_0 = D_0(k \times e^{f(SI_0)} + k^2 \times e^{f(SI_0)+f(SI_1)}) \qquad (6-13)$$

$$P_1 = D_1 \times k \times e^{f(SI_1)} \qquad (6-14)$$

与公式 (6-14) 相比，公式 (6-13) 表明 0 期均衡价格受到情绪组合 (SI_0, SI_1) 的影响。情绪组合的变化，导致各种价格变化。首先，如果代表性投资者依据更多的信息来更新其情绪，那么投资者的定价错误会随着时间的推移而减少。反之，如果代表性投资者继续维持乐观或者悲观的看法，则均衡价格远离理性价格。

其次，如果代表性投资者在两期的情绪是相反的，那么对于 0 期的均衡价格而言，乐观效果和悲观效果在一定程度上会相互抵消，导致 0 期的均衡价格较趋近于理性价格。但情绪的综合效果依然影响均衡价格。这是因为综合效果为 0 的情况是要满足极其严格的数量关系。

最后，时变情绪同样导致 0 期价格小于 1 期价格，而且相对于不变情绪，价格的波动更大。例如，代表性投资者在 0 期是悲观情绪，而在 1 期是乐观情绪，导致 0 期价格下降幅度增加，而 1 期价格上升幅度增加，从而有更大的价格变化范围。

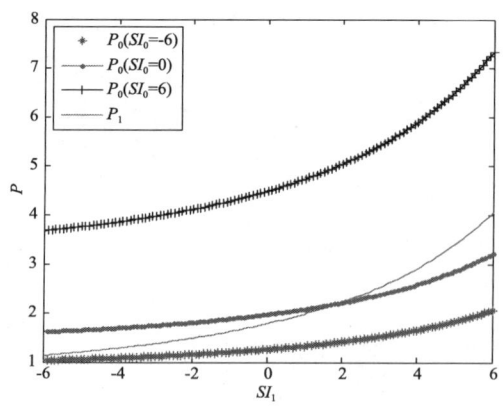

图 6-4　均衡价格，不变 0 期情绪与变化 1 期情绪

为了从数量上展示时变情绪对均衡价格的影响，下面进行数值模拟。情绪影响函数假设为 $f(SI) = e^{\alpha SI} - 1$，其中 α 是大于 0 的常数。模型参数如下：$D_0 = 1$，$D_1 = 1.8$，$\mu_D = 2\%$，$\mu_c = 2\%$，$\sigma_D = 15\%$，$\sigma_c = 2\%$，$\alpha = 0.1$，$SI \in [-6, 6]$。数值模拟如图 6-4 和图 6-5 所示。图像说明时变情绪对均衡价格有重大的影响。例如当情绪组合为 $(SI_0 = 6, SI_1 = 0)$，也就是投资者获取更多信息后，投资者情绪回落到理性情况，此时 0 期均衡价格为 6.08。而不变情绪组合 $(SI_0 = SI_1 = 6)$ 导致了的均衡价格为 7.34，因此价格 6.08 更接近理性价格。通过类似的讨论，也可以说明情绪的抵消效果导致均衡价格更趋近于理性价格。

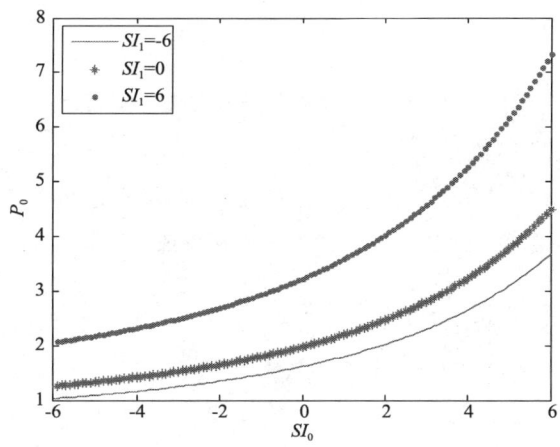

图 6-5　均衡价格，变化 0 期情绪与不变 1 期情绪

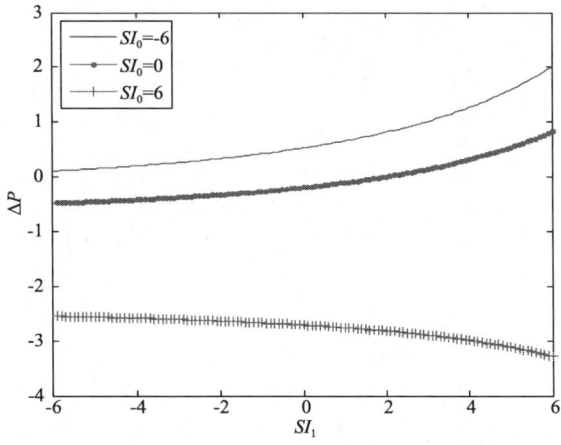

图 6-6　时变情绪与价格变化

为了从数量上展示时变情绪对价格变化的影响，下面进行数值模拟。情绪影响函数假设为 $f(SI) = e^{\alpha SI} - 1$，其中 α 是大于0的常数。模型参数如下：$D_0 = 1$，$D_1 = 1.8$，$\mu_D = 2\%$，$\mu_c = 2\%$，$\sigma_D = 15\%$，$\sigma_c = 2\%$，$\alpha = 0.1$，$SI \in [-6, 6]$。数值模拟如图6-6所示。与不变情绪的图6-3相比，图6-6显示时变情绪导致更大的价格变化。例如当情绪 $SI_0 = -6$ 时，其对应的价格变化曲线是向上倾斜的，而在图6-3中对应的曲线是向下倾斜的。

三、两类投资者

（一）理性投资者和情绪投资者

如果在市场上存在两种异质性投资者：理性投资者（r）和情绪投资者（s），假设他们初始的财富相同，即 $w_0^r = w_0^s = 0.5$。根据 Cox 和 Huang (1989) 和 Karatzas et al. (1987) 的方法，市场的完备性意味着动态性约束可以写成静态的形式，最优化问题可以改写成

$$\max E_0^i \left[\sum_{t=0}^{2} \beta^t \ln(C_t^i) \right], 0 < \beta < 1, i = r, s$$

$$s.t. \quad W_0^i = c_0^i + E_0[M_1^i c_1^i] + E_0[M_2^i c_2^i]$$

其中 M 是随机贴现因子。均衡资产价格满足（证明见附录5）：

$$P_t = w_t^r P_t^r + w_t^s P_t^s, \quad t = 0, 1 \tag{6-15}$$

其中 P_0^i 和 P_1^i（$i = s, r$）是只有投资者 i 时决定的股票价格，参见公式（6-11）和（6-12）。权重 w 满足

$$w_1^s = \frac{\lambda_s}{\lambda_s + \lambda_r}, \quad w_1^r = \frac{\lambda_r}{\lambda_s + \lambda_r} \tag{6-16}$$

其中理性投资者对应的参数 $\lambda_r = 1$，而情绪投资者对应的参数 λ_s 满足

$$\ln \lambda_s = \frac{\mu_D^s - \mu_D}{\sigma_D^2} \left(\ln \frac{D_1}{D_0} - \mu_D \right) - \frac{(\mu_D^s - \mu_D)^2}{2\sigma_D^2} = \frac{f(SI)}{\sigma_D^2} \left(\ln \frac{D_1}{D_0} - \mu_D \right) - \frac{f(SI)^2}{2\sigma_D^2}$$

$$\tag{6-17}$$

定价公式（6-15）的经济含义在于均衡价格等于两个异质性投资者的认知价格的加权平均值，权重为投资者的财富比例。也就是拥有更多财富的投资者，其认知价格对均衡价格的影响更大。由代表性投资者的讨论可知，投资者情绪对情绪投资者的认知价格有重要影响。因此，本书得到

第六章 基于情绪的动态消费资本资产定价模型

结论:如果情绪投资者拥有更多财富,那么投资者情绪对均衡价格有重要影响。反之,如果理性投资者拥有更多财富,那么均衡价格会趋向于理性价格。

更重要的是,在 1 期作为权重的财富比例受到投资者情绪的影响。这是因为公式(6-17)显示理性投资者的参数 λ_r 是常数,与情绪无关,而 λ_s 受到情绪的影响。从公式(6-16)可知财富是由参数 λ_s 和 λ_r 所决定,从而 1 期的财富比例受到情绪影响。公式(6-17)表明参数 λ_s 是关于情绪增长率的开口向下的一元二次函数。该二次函数存在最大值,另外第一项的正(或者负)号,决定了二次曲线的倾斜方向是左偏(或者右偏)。首先,曲线的倾斜度意味着,当主观预期和实际分红一致时,财富增加,反之,主观预期与实际分红不一致,财富减少。这是因为财富与参数 λ 正相关,而情绪投资者对应的参数 λ_s 受到事前预期和实际情况两者的综合影响。这种影响主要体现在式子 $\dfrac{\mu_D^s - \mu_D}{\sigma_D^2}\left(\ln\dfrac{D_1}{D_0} - \mu_D\right)$,其中 $\dfrac{\mu_D^s - \mu_D}{\sigma_D^2}$ 为主观预期,$\left(\ln\dfrac{D_1}{D_0} - \mu_D\right)$ 为实际分红。综合影响表现为两者相乘,因此两者符号相同时,可以增加 λ_s。即当主观预期和实际分红一致时,财富增加,反之,主观预期与实际分红不一致,财富减少。

其次,一元二次函数的最大值意味着,当主观预期和实际分红完全一致时,财富比例达到最大,主观预期高估或者低估实际分红,都导致财富比例的减少。即当 $f(SI_i) = \ln D_1/D_0 - \mu_D$ 时,财富比例取最大值,也就是主观情绪要与实际分红完全一致,才能取得最大值。即使两者符号相同,从而财富比例有所增加,但是如果投资者太乐观或者太悲观,导致主观情绪偏离实际分红,都导致财富比例不能达到最大值。总之,如果情绪投资者的主观预期与随机出现的实际情况相吻合,则财富变化加强了情绪对资产价格的影响力。反之,财富变化削弱了情绪的影响力。

为了从数量上展示投资者情绪对 1 期财富比例的影响,下面进行数值模拟。情绪影响函数假设为 $f(SI) = \exp(\alpha SI) - 1$,其中 α 是大于 0 的常数。模型参数如下:$\mu_D = 2\%$,$\mu_c = 2\%$,$\sigma_D = 15\%$,$\sigma_c = 2\%$,$\alpha = 0.1$,$SI \in [-6, 6]$。数值模拟如图 6-7 所示。图形显示当实际红利增加时,即 $\ln D_1/D_0 = 0.1$,情绪投资者的财富比例向右倾斜,也就是乐观投资者的财富比例增加。当实际红利减少时,即 $\ln D_1/D_0 = -0.1$,情绪投资者的财富

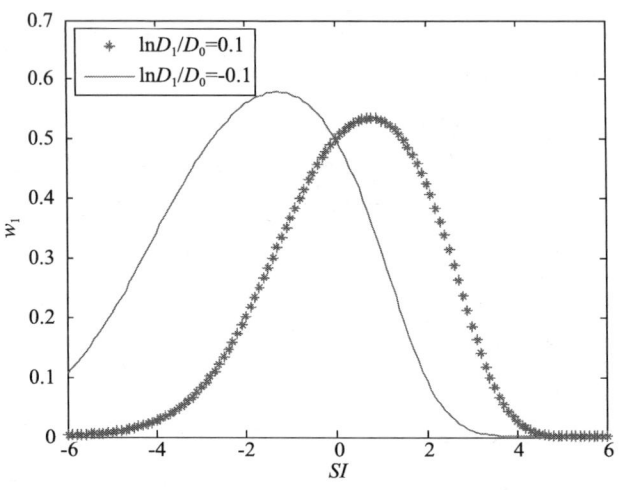

图 6-7 情绪投资者的财富比例

比例向左倾斜,也就是悲观投资者的财富比例增加。在这两种情况下,当投资者的预期与实际情况完全一致时,财富比例存在一个最大值。

最后,受情绪影响的财富波动可导致收益率可预测。这是因为,如果乐观投资者前期投资更多,当好消息来临时,价格上涨,乐观投资者赚取更多财富。随着财富增加,即在定价公式中价格权重增加,从而乐观投资者继续推高股价。如果在将来出现坏消息,导致以后较低的收益率。反之亦然!这些现象导致了均值反转,也就是 1 期收益与预期的 2 期收益之间存在一个负相关关系。这是因为存在投资者情绪时,有

$$r_1 = \ln(D_1 + D_1(w_1^s k e^{f(SI)} + w_1^r k)) - \ln(P_0)$$

$$E(r_2) = \mu_D - \ln \sum_1^N (w_1^s k e^{f(SI)} + w_1^r k)$$

也就是 1 期收益与式子 $w_1^s k e^{f(SI)} + w_1^r k$ 正相关,而预期的 2 期收益与式子 $w_1^s k e^{f(SI)} + w_1^r k$ 负相关,从而 $cor(r_1, E(r_2)) < 0$。当没有投资者情绪时,所有投资者可以看成只有一个代表性投资者,那么预期的 2 期收益是常数,不存在均值反转现象。

对均值反转现象进行数值模拟,参数设置如下:设 $\mu_D = 2\%$,$\sigma_D = 15\%$,$\mu_c = 2\%$,$\sigma_c = 15\%$,$\beta = 0.98$,$SI = -3$。数值模拟如图 6-8 所示。图像表明当不存在投资者情绪时($\alpha = 0$),2 期预期收益是一条平行于横轴(1 期收益)的直线,而在投资者情绪影响下,前期收益与未来收益存在负相关的关系,反映了收益率反转现象。动态模型对收益率反转现象给

出了一部分解释。

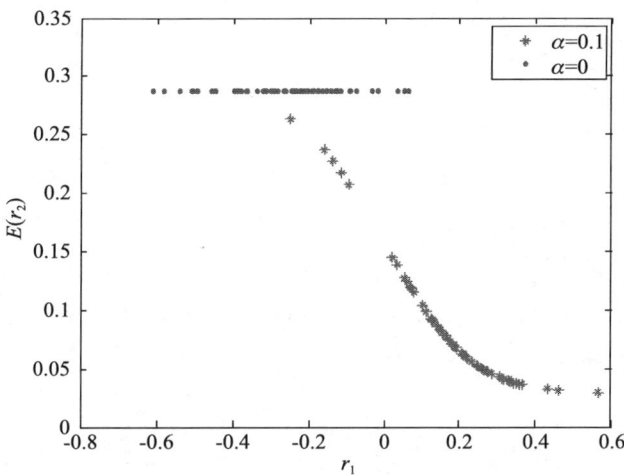

图 6-8 均值反转：理性投资者和情绪投资者

（二）乐观投资者和悲观投资者

如果在市场上存在两种异质性投资者：乐观投资者（o）和情绪投资者（p），他们的情绪满足 $SI_o > 0$，$SI_p < 0$。假设他们初始的财富相同，即 $w_0^o = w_0^p = 0.5$，类似于附录 5 的证明，此时均衡资产价格满足：

$$P_t = w_t^o P_t^o + w_t^p P_t^p, \quad t = 0,1 \qquad (6-17)$$

其中 P_0^i 和 P_1^i（$i = o, p$）是只有投资者 i 时决定的股票价格，参见公式（6-11）和（6-12）。权重 w 满足

$$w_1^o = \frac{\lambda_o}{\lambda_o + \lambda_p}, \quad w_1^p = \frac{\lambda_p}{\lambda_o + \lambda_p}$$

其中乐观投资者对应的参数 λ_o 满足

$$\ln\lambda_o = \frac{\mu_D^o - \mu_D}{\sigma_D^2}\left(\ln\frac{D_1}{D_0} - \mu_D\right) - \frac{(\mu_D^o - \mu_D)^2}{2\sigma_D^2} = \frac{f(SI_o)}{\sigma_D^2}\left(\ln\frac{D_1}{D_0} - \mu_D\right) - \frac{f(SI_o)^2}{2\sigma_D^2}$$

悲观投资者对应的参数 λ_p 满足

$$\ln\lambda_p = \frac{\mu_D^p - \mu_D}{\sigma_D^2}\left(\ln\frac{D_1}{D_0} - \mu_D\right) - \frac{(\mu_D^p - \mu_D)^2}{2\sigma_D^2} = \frac{f(SI_p)}{\sigma_D^2}\left(\ln\frac{D_1}{D_0} - \mu_D\right) - \frac{f(SI_p)^2}{2\sigma_D^2}$$

类似于对公式（6-15）的讨论，可知定价公式（6-17）同样说明投资者情绪对均衡价格和财富比例有重要影响，以及存在均值反转现象。为

了从数量上展示投资者情绪对 1 期财富比例的影响，下面进行数值模拟。情绪影响函数假设为 $f(SI) = \exp(\alpha SI) - 1$。模型参数如下：$\mu_D = 2\%$，$\mu_c = 2\%$，$\sigma_D = 15\%$，$\sigma_c = 2\%$，$\alpha = 0.1$，$SI_p \in [-6, 0]$，$SI_o = 2$。数值模拟如图 6-9 所示。图形显示当实际红利增加时，即 $\ln D_1/D_0 = 0.1$，悲观投资者的财富比例曲线在红利减少时对应的财富比例曲线下方。也就是当实际红利增加时悲观投资者的财富比例减少，当实际红利减少时，即 $\ln D_1/D_0 = -0.05$，悲观投资者的财富比例增加。当实际红利增加时，乐观投资者的预期可以与实际情况完全一致，此时该乐观投资者的财富比例存在一个最大值；反之当实际红利减少时，悲观投资者的预期可以与实际情况完全一致，此时其财富比例存在一个最大值。

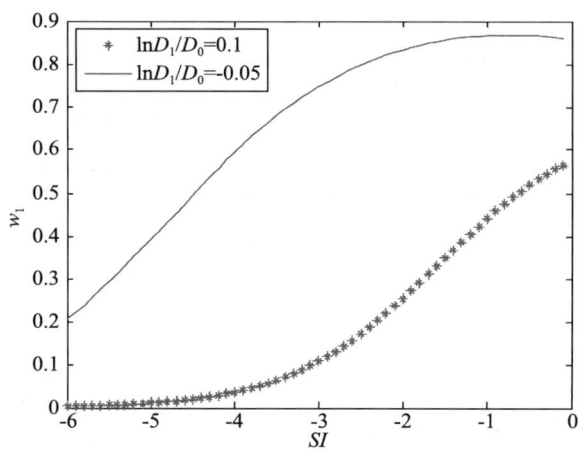

图 6-9　悲观投资者的财富比例

对均值反转现象进行数值模拟，参数设置如下：$\mu_D = 2\%$，$\sigma_D = 15\%$，$\mu_c = 2\%$，$\sigma_c = 15\%$，$\beta = 0.98$，$SI_o = 3$，$SI_p = -3$。数值模拟如图 6-10 所示。图像表明当不存在投资者情绪时（$\alpha = 0$），2 期预期收益是一条平行于横轴（1 期收益）的直线，而在投资者情绪影响下，前期收益与未来收益存在负相关的关系，反映了收益率反转现象。

与公式（6-15）不同的是，乐观情绪导致的价格上涨部分会与悲观情绪导致的价格下跌部分在一定程度上相互抵消。在特殊情况下，甚至可以完全抵消，此时均衡价格等于理性价格。由于这种完全抵消的情况对数量有严格的要求，因此在实际当中是几乎不存在的。

第六章 基于情绪的动态消费资本资产定价模型

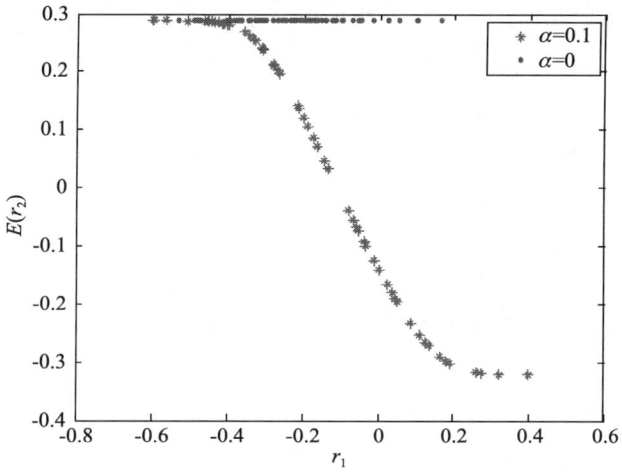

图 6-10 均值反转：悲观投资者和乐观投资者

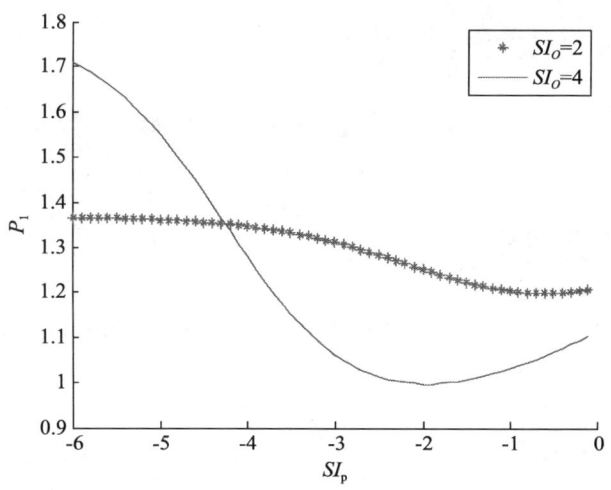

图 6-11 抵消效应：悲观情绪

对此相互抵消的现象进行数值模拟，参数设置如下：$\mu_D = 2\%$，$\sigma_D = 15\%$，$\mu_c = 2\%$，$\sigma_C = 15\%$，$\beta = 0.98$。数值模拟如图 6-11 和图 6-12 所示。图形 6-11 显示当悲观情绪过于悲观时，悲观投资者财富比例过小，因此资产价格主要由乐观情绪投资者主宰。此时更加乐观情绪导致更高的价格，因此乐观情绪值为 2 的价格曲线在乐观情绪值为 4 对应的价格曲线下面。当悲观投资者开始向理性趋近时，其财富比例逐渐增加，导致其对未来价格的影响越来越大，此时产生乐观情绪和悲观情绪的相互抵消效应,从而均衡价格逐渐减少。图形 6-12 显示当乐观情绪与股票实际表现接近时,均衡价格受到乐观情绪的影响而上升;当乐观情绪离股票实际表现相差太大时(见图形的左右两端),产生乐观情绪与悲观情绪的抵消效应,均衡价格下降。

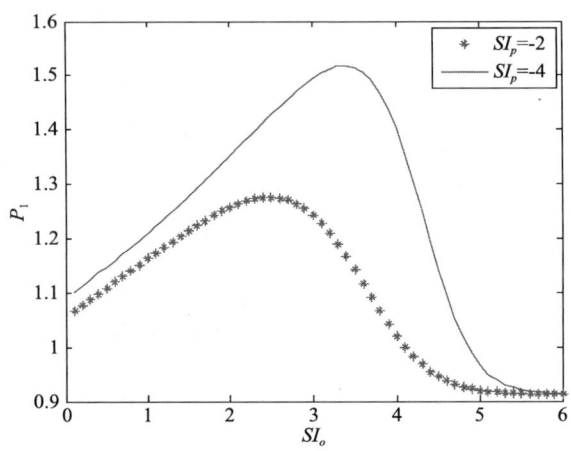

图 6-12　抵消效应:乐观情绪

四、N 个投资者

假定有 N 类投资者,对于 $t=0$ 和 $t=1$,定价公式如下所示(证明过程类似于附录 5):

$$P_t = \sum_{i=1}^{N} w_t^i \times P_t^i(SI_i)$$

$$= \begin{cases} D_1 \times k \sum_{i=1}^{N} w_1^i \times FS_i & t=1 \\ D_0 \sum_{i=1}^{N} w_0^i \times (k \times FS_i + k^2 \times FS_i^2) & t=0 \end{cases} \quad (6-18)$$

其中 P_t^i 是只有第 i 个投资者的股票价格,参见公式(6-11)和(6-12)。ω_t^i 是第 i 个投资者的权重,λ_i 与情绪指标有关,即权重与情绪有关。其中

$$w_1^i = \frac{\lambda_i}{\sum_{j=1}^{N} \lambda_j}$$

$$\ln\lambda_i = \frac{\mu_D^i - \mu_D}{\sigma_D^2}\left(\ln\frac{D_1}{D_0} - \mu_D\right) - \frac{(\mu_D^i - \mu_D)^2}{2\sigma_D^2}$$

类似于对公式（6-15）的讨论，可知股票价格是所有情绪投资者的认知价格的财富比例加权平均值。投资者情绪不但影响单个情绪投资者的认知价格，而且在多个交易者情况下影响投资者下期的财富比例。为了从数量上展示投资者情绪对1期财富比例的影响，下面进行数值模拟。情绪影响函数假设为 $f(SI) = \exp(\alpha SI) - 1$，其中 α 是大于0的常数。假设众多投资者的投资者情绪在区间 $[-6,6]$ 中是均匀分布的。模型参数如下：$\mu_D = 2\%$，$\mu_c = 2\%$，$\sigma_D = 15\%$，$\sigma_c = 2\%$，$\alpha = 0.1$。数值模拟如图6-13所示。图形显示当实际红利增加时，即 $\ln D_1/D_0 = 0.1$，情绪投资者的财富比例向右倾斜，也就是乐观投资者的财富比例增加。当实际红利减少时，即 $\ln D_1/D_0 = -0.1$，情绪投资者的财富比例向左倾斜，也就是悲观投资者的财富比例增加。在这两种情况下，当投资者的预期与实际情况完全一致时，财富比例都存在一个最大值。

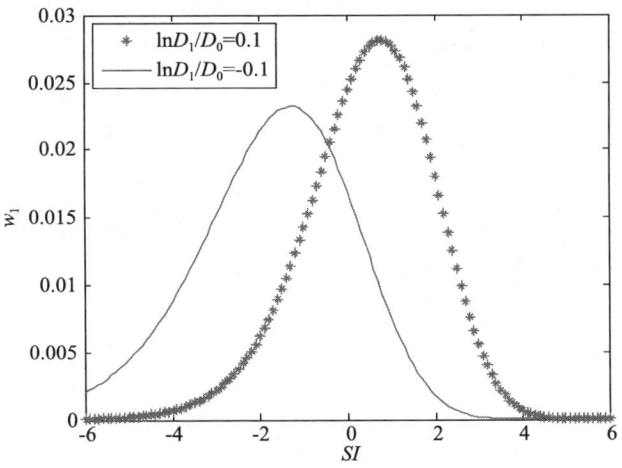

图6-13　财富比例与投资者情绪

财富波动导致收益率可预测。乐观投资者前期投资更多，当好消息来临，价格上涨，赚取更多财富，乐观投资者继续推高股价（财富增加，从而价格权重增加），导致以后较低的收益率。反之亦然！这些现象导致了均值反转，也就是1期收益与预期的2期收益之间存在一个负相关关系。这是因为存在投资者情绪时，有：

$$r_1 = \ln(D_1 + D_1 \sum_1^N w_1^i k e^{f(SI_i)}) - \ln(P_0)$$

$$E(r_2) = \mu_D - \ln \sum_1^N w_1^i k e^{f(SI_i)}$$

也就是 1 期收益与式子 $\sum_1^N w_1^i k e^{f(SI_i)}$ 正相关,而预期的 2 期收益与式子 $\sum_1^N w_1^i k e^{f(SI_i)}$ 负相关,从而 $cor(r_1, E(r_2)) < 0$。

当没有投资者情绪时,所有投资者可以看成只有一个投资者,那么

$$E(r_2) = E\left(\ln \frac{D_2}{P_1}\right) = E\left(\ln \frac{D_2}{D_1 k_i}\right) = -\ln\beta + \mu_c - \frac{\sigma_D^2 + \sigma_c^2}{2}$$

也就是预期的 2 期收益是常数,不存在均值反转现象。

对均值反转现象进行数值模拟,参数设置如下:设 $\mu_D = 2\%$,$\sigma_D = 15\%$,$\mu_c = 2\%$,$\sigma_C = 15\%$,$\beta = 0.98$,$N = 121$。数值模拟分成三组,第一组假设众多投资者的投资者情绪在区间 [−6,6] 中的分布是对称的,即 $SI_i = -SI_{N+1-i}$;第二组假设投资者情绪在区间 [−1,6] 中服从均匀分布,即绝大多数投资者情绪是乐观的;第三组假设投资者情绪在区间 [−6,1] 中服从均匀分布,即绝大多数投资者情绪是悲观的。数值模拟如图 6−14,图 6−15 和图 6−16 所示。这些图形都表明当不存在投资者情绪时($\alpha = 0$),2 期预期收益是一条平行于横轴(1 期收益)的直线,而在投资者情绪影响下,前期收益与未来收益存在负相关的关系,反映了收益率反转现象。动态模型对收益率反转现象给出了一部分解释。

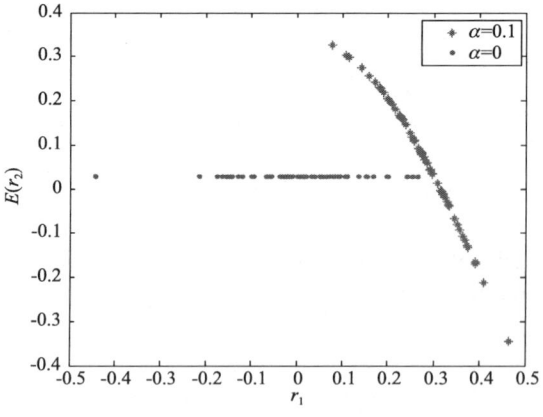

图 6−14 对称投资者情绪与均值反转

第六章 基于情绪的动态消费资本资产定价模型

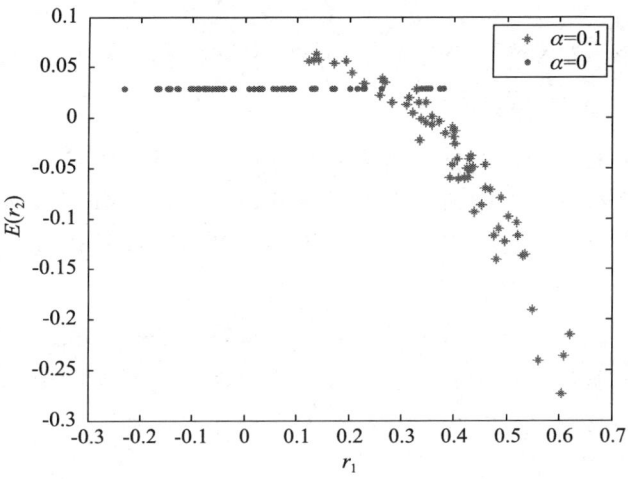

图 6 – 15　乐观情绪与均值反转

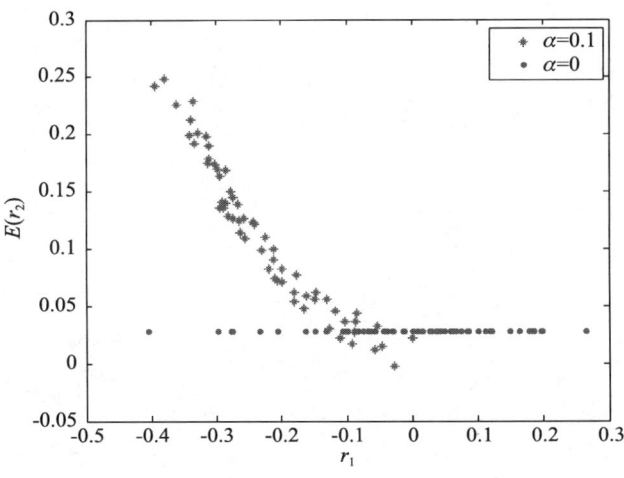

图 6 – 16　悲观情绪与均值反转

五、本章小结

本章基于投资者情绪，推导了动态资产定价模型，并给出了数值模拟结果。在考虑代表性投资者的情况下，动态模型显示均衡价格由理性部分和情绪部分组成，投资者情绪导致了资产价格的多样性。与传统的前期价格大于后期价格的观点不同，由于悲观情绪的影响，可能导致前期资产均衡价格小于后期均衡价格。另外，时变情绪的波动，增加均衡价格的波动性。

在考虑异质性投资者的情况下，动态模型显示均衡资产价格是所有情绪投资者的认知价格的财富比例加权平均值。投资者情绪不但影响单个情绪投资者的认知价格，而且在多个交易者情况下影响投资者下期的财富比例。财富的波动导致了收益均值反转现象，动态模型对均值反转异象给出了一部分解释。与传统自然选择观点不同，具有理性投资者和情绪投资者的动态模型显示当情绪投资者的预期与股票实际表现更接近时，情绪投资者的未来财富超过了理性投资者，即情绪投资者并不会被理性投资者所清除。另外，具有乐观投资者和悲观投资者的动态模型显示乐观情绪的影响会被悲观情绪部分抵消，但是其剩余的部分在一般情况下并不等于零，仍然对资产价格有影响。

第七章 基于情绪的连续消费资本资产定价模型

一、连续模型概述

上述的静态模型和两期动态模型侧重点各有不同,但是都没有考虑情绪对资产价格的长期影响力。鉴于连续模型在时变情绪以及长期生存性方面存在研究优势,本书基于投资者情绪构建连续资产定价模型。这是因为,在实际市场中投资者频繁地进行交易,采用连续模型进行描述可以体现频繁交易的行为。另外,在不同时间投资者情绪会发生改变,例如随着时间的推移,投资者在获取更多信息后,可以修正自己的主观预期。而静态模型只有一期不变的投资者情绪,动态模型也只有若干期的投资者情绪。因此连续模型可以更好地描述随着时间的推移,投资者情绪对资产价格的影响过程。

最后,连续模型可以讨论多年之后情绪投资者的财富情况,因此非理性投资者的长期生存性问题适合用连续模型进行刻画。对长期生存性进行研究的文献有 De Long, Shleifer, Summer 等 (1991), Kogan, Stephen, Wang 等 (2006), Yan (2008) 等等。例如,基于不正确信念,Kogan, Stephen, Wang 等 (2006) 分析一个具有只在末期消费的投资者的有限期限的经济。他们发现不正确信念是有利于生存的。这个现象的发生是因为在他们的模型中储蓄决定是外生的。这些文献已经说明了噪音投资者的生存性问题,而从投资者情绪角度出发考察情绪投资者的生存性问题也是情绪资产定价理论的重要内容。

在 Yan (2008) 的模型框架下,本书把投资者情绪引入模型中。与其不同的是,本书假设投资者对未来的红利增长率有其主观的情绪,而不是一个均值为零的噪音。这是因为在牛市（或者熊市）时，大部分投资者可能持有较乐观（悲观）的情绪，其均值并不等于零。另外，除了讨论风险厌恶系数以及预期的精确性对长期财富比例的影响外，本书研究了时变情绪对资产价格的影响，分析表明时变情绪是导致资产价格波动性的重要因素。分析一个具有只在末期消费的投资者的有限期限的经济。他们发现不正确信念是有利于生存的。这个现象的发生是因为在他们的模型中储蓄决定是外生的。

二、模型的建立

（一）信息结构和投资者认知

考虑一个连续时间的纯交易的经济。不确定性由滤子概率空间$(\Omega, F, \{F_t\}, P)$来代表，在其中定义一维布朗运动$Z(t)$。

市场上存在单一的有限供给的消费品，消费品供给过程满足：

$$\frac{dC_t}{C_t} = \mu_c dt + \sigma_c dZ_c$$

其中μ_c和σ_c是常数，Z_c是一维布朗运动。消费品也相当于一个风险资产，是一个收益为负的资产。

股票的分红过程满足：

$$\frac{dD_t}{D_t} = g_D dt + \sigma_D dZ_D \tag{7-1}$$

其中g_D和σ_D常数，Z_D是一维布朗运动。简单起见，假设Z_c和Z_D是独立的。

第i个投资者了解μ_c，σ_D和σ_c，但是对g_D有不同的认知。这是因为Merton（1980）的研究表明虽然数据频率趋于无限时，方差的估计会收敛到真实值，但是在有限估计期间，预期收益率仍然不会收敛到真实值。假设μ_D^i代表投资者i的认知平均增长率。

此时第i个投资者认为红利服从：

$$\frac{dD_t}{D_t} = \mu_D^i dt + \sigma_D dZ_D^i \tag{7-2}$$

其中

$$\mu_D^i = \mu_D + f(SI_i) \qquad (7-3)$$

$$dZ_D^i = dZ_D - \frac{\mu_D^i - \mu_D}{\sigma_D} dt = dZ_D - \frac{f(SI_i)}{\sigma_D} dt$$

Z_D^i 是投资者 i 认知的布朗运动，$f(SI_i)$ 测量了投资者 i 对经济增长率的错误认知。这里设置的投资者错误认知是不变的，也就是他们没有根据最新接受的信息改变自己的认知。

（二）投资机会集

投资者可以连续地交易无风险债券和股票。债券是零净供给的，而股票是一单位净供给，并且有红利要求，红利过程如式（7-2）所述。

债券价格 B_t（标准化以后满足 $B_0=1$）满足下面的动态性

$$\frac{dB_t}{B_t} = r_t dt$$

股票价格 P_t 满足下面的动态性

$$dP_t + D_t dt = P[\mu_t^i dt + \sigma_t dZ_t^i] \qquad (7-4)$$

其中

$$dZ_t^i = dZ_t - \frac{\mu_t^i - \mu_t}{\sigma_t} dt = dZ_t - \frac{f(SI_i)}{\sigma_t} dt$$

虽然投资者观测到同样的股价路径，但是他们对预期股票收益有不同的看法。上式意味着

$$\mu_t^i = \mu_t + f(SI_i) \qquad (7-5)$$

金融市场的动态完备性假定意味着对于每一个投资者都存在一个唯一的状态价格密度过程 ξ_t^i，其满足

$$d\xi_t^i = -\xi_t^i [r_t dt + \kappa_t^i dZ_t^i] \qquad (7-6)$$

其中 $\kappa_t^i = \sigma_t^{-1}(\mu_t^i - r_t)$ 是投资者 i 认知的夏普比率，或者是认知的风险的市场价格。如果令 κ_t 代表真实的夏普比率，则

$$\frac{f(SI_i)}{\sigma_t} = \kappa_t^i - \kappa_t \qquad (7-7)$$

也就是说投资者情绪也可以测量投资者认知的夏普比率与真实夏普比率之间的差距。

（三）投资者禀赋和偏好

假设一共有 N 个投资者。在 0 时刻，投资者 i 配置 w_i 份股票，w_i 满足

$0 \leq w_i \leq 1$，而且 $\sum_{i=1}^{N} w_i = 1$。投资者选择一个非负的消费过程 C_t^i，并且持有 θ_t^i 份股票，所以投资者 i 的财富过程为

$$dW_t^i = W_t^i r_t dt - C_t^i dt + \theta_t^i P_t (\mu_t^i - r_t) dt + \theta_t^i P_t \sigma_t dZ_t^i$$

投资者 i 的效用函数 $u_i(\cdot)$ 是

$$u_i(C_t) = \frac{C_t^{1-\gamma_i}}{1-\gamma_i}$$

其中 γ_i 相对风险厌恶系数。当 $\gamma_i = 1$ 对应的是对数效用函数。

投资者 i 的目标函数

$$\max_{C_i, \theta_i} E_t^i \left[\int_t^T e^{-\rho_i(s-t)} u_i(C_\tau^i) ds \right]$$

其中 ρ_i 是时间折现率，E_t^i 是投资者 i 的认知条件期望。

(四) 均衡

当价格系统 (r_t, P_t) 和消费-投资组合过程 (C_t^i, θ_t^i) 使得商品市场和证券市场出清时，市场达到完全竞争均衡，此时

$$\sum_{i=1}^{N} C_t^i = D_t$$

$$\sum_{i=1}^{N} \theta_t^i = 1$$

$$\sum_{i=1}^{N} W_t^i = P_t$$

Basak（2000）提出在具有异质信念的经济当中，均衡可以方便地从构建一个具有随机权重过程的代表性投资者得到，其中随机权重过程描述了投资者信念的差别。为了刻画这个均衡，本书采用 Basak（2000）提出的方法。定义一个代表性投资者具有如下效用函数：

$$U(C_t) = \max_{\sum_{i=1}^{N} C_t^i = C_t} \sum_{i=1}^{N} \lambda_t^i e^{-\rho_i t} u_i(C_t^i) \qquad (7-8)$$

其中 $\lambda_t^i > 0$ 是随机的，并体现了异质性信念。不失一般性设 $\lambda_0^1 = 1$。在以上描述的经济中，按照代表性投资者的标准定价公式，股票价格满足下面的方程：

$$P_t = E_t \left[\int_t^\infty \frac{U'(D_s)}{U'(D_t)} D_s ds \right] \qquad (7-9)$$

投资者 i 的消费分配如下

$$C_t^i = u'^{-1}_i(e^{\rho_i t} U'(D_t)/\lambda_t^i) \tag{7-10}$$

其中 λ_t^i 满足

$$d\lambda_t^i = \lambda_t^i \frac{f(SI_i)}{\sigma_t} dZ_t \tag{7-11}$$

并且初始值 λ_0^i 是下面方程组的解：

$$E_0\left[\int_0^\infty U'(D_t) C_t^i ds\right] = w_i E_0\left[\int_0^\infty U'(D_t) D_t ds\right]$$

从公式（7-11）可以看出，当投资者情绪是乐观或者悲观时，投资者会分配更多或者更少的财富到股票市场。另外，由于随机权重 λ_t^i 的波动，投资机会集合随着时间改变，因此投资者有更加复杂的保值策略。

三、模型的讨论

（一）代表性投资者

假定经济当中只有一类代表性情绪投资者 i，并且效用函数为对数效用函数时，则公式（7-9）可简化为

$$P_t = \frac{1}{\rho - \mu_D - f(SI) + \mu_c - \sigma_c^2} D_t \tag{7-12}$$

从上式可见，均衡价格随着投资者情绪的高涨而上涨，随着投资者情绪的低落而下跌。运用蒙特卡罗模拟方法，可以讨论情绪对资产价格的影响。基于 Campbell（2003）对每个参数的估计，设定 $\mu_D = 1.89\%$，$\mu_c = 2\%$，$\sigma_c = 2\%$，$\rho = 1\%$。投资者情绪的影响函数设定为 $f(SI) = e^{\alpha SI} - 1$，其中 $\alpha = 0.001$。数值模拟如图 7-1 所示。图形显示虽然股利的波动性，导致资产价格的波动，但是价格的总体趋势是不变的。更重要的是，不同水平的投资者情绪，使得资产价格的路径发生明显的变化。乐观的投资者情绪使得资产价格比理性价格明显抬高一个价位（均值为 10.98），而悲观的投资者情绪使得资产价格明显回落到一个价位（均值为 6.50）。

传统资产定价模型有一个显著的特征：投资者信念没有随着时间的推移而改变。这个假设过于简单，而且和现实不相吻合。例如当投资者接收到更多信息时，会更新其预期。在动态的资产定价模型的设定，虽然也放松了这个假定，但是只是讨论了两期不同情绪对资产价格的影响。在实际市场当中，投资者情绪具有随机性特征，比简单的两期时变情绪复杂得

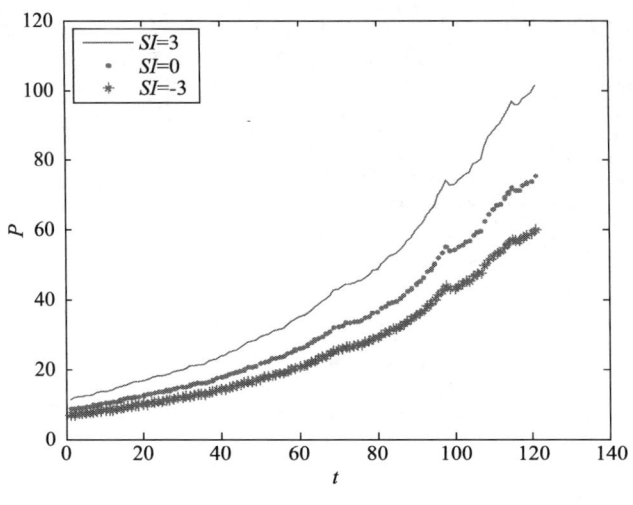

图 7-1　价格与投资者情绪

多。为了研究时变情绪的动态效果,在这一节假设在连续时间情况下,投资者情绪 $SI(t)$ 都是随着时间变化而变化的。此时定价公式变为

$$P_t = \frac{1}{\rho - \mu_D^i + \mu_c - \sigma_c^2} D_t = \frac{1}{\rho - \mu_D - f(SI(t)) + \mu_c - \sigma_c^2} D_t$$

为了从数量上研究时变情绪对资产价格的影响,下面进行数值模拟。参数设置设定如下:$\mu_D = 1.89\%$,$\mu_c = 2\%$,$\sigma_c = 2\%$,$\rho = 1\%$。首先假定情绪连续变化。例如投资者情绪从 0 上升到 6(情绪逐渐高涨阶段),再从 6 下降到 0(情绪回归理性阶段)。其模拟结果如图 7-2 所示。图 7-2 显示随着投资者情绪的高涨,资产价格跟着上涨;当投资者情绪逐渐回归到理性时,资产价格也随着下降到理性价格。

投资者情绪从 0 上升到 6(情绪逐渐高涨阶段),再从 6 下降到 -6(情绪加速下降阶段),其模拟结果如图 7-3 所示。图 7-3 显示当投资者情绪过度悲观时,资产价格也随着下降,并远远低于理性价格。

其次假定情绪跳跃变化,例如投资者情绪从 0 上升到 6(情绪逐渐高涨阶段),再从 6 跳跃到 0,然后逐渐下降到 -6,其模拟结果如图 7-4 所示。图 7-4 显示投资者情绪的跳跃性,导致资产价格发生突变,增加了价格的波动性。总之,投资者情绪的易变性,导致价格变化的多样性。

第七章 基于情绪的连续消费资本资产定价模型

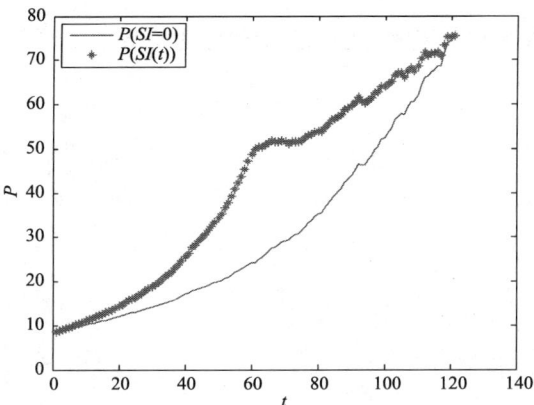

图 7-2 回归理性价格：时变情绪与资产价格

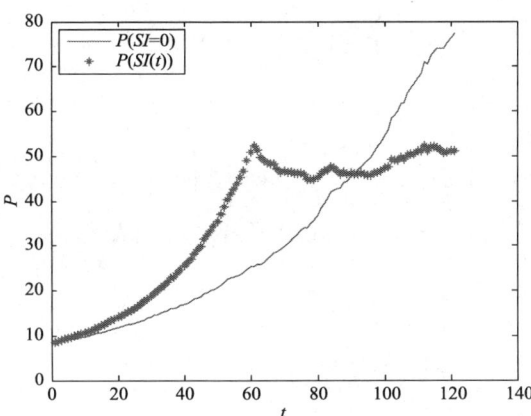

图 7-3 乐观情绪，悲观情绪与资产价格

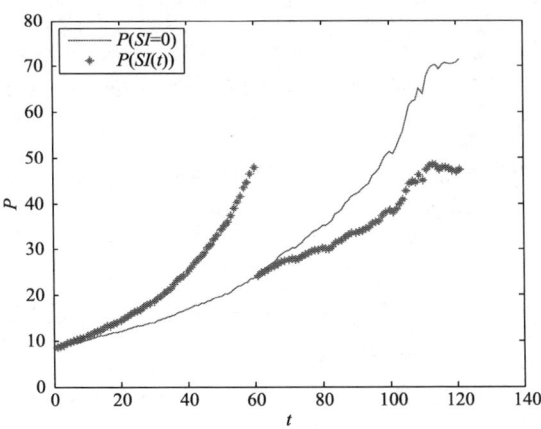

图 7-4 跳跃情绪与资产价格

(二) 两类投资者：理性投资者和情绪投资者

假定经济当中有两类投资者 1 和 2。投资者 1 有正确的信念，而投资者 2 具有主观的投资者情绪（$SI \neq 0$）。其他参数都相同，即每个投资者在初始时的财富都相同，$\rho_1 = \rho_2 = \rho$，$\gamma_1 = \gamma_2 = \gamma$，而且 γ 是整数。则定价公式（7-9）可简化为（证明见附录 6）：

$$P_t = \frac{\sum_{k=0}^{\gamma} \binom{\gamma}{k} a_k \lambda_t^{k/\gamma}}{(1 + \lambda_t^{1/\gamma})^{\gamma}} D_t \qquad (7-13)$$

其中 $d\lambda_t = \lambda_t \frac{f(SI)}{\sigma_D} dZ_t$，$\lambda_0$ 是下面二项式方程的解：

$$\sum_{k=0}^{\gamma-1} \binom{\gamma-1}{k} a_k \lambda_0^{k/\gamma} = \frac{1}{2} \sum_{k=0}^{\gamma} \binom{\gamma}{k} a_k \lambda_0^{k/\gamma}$$

常数 a_k 满足

$$a_k = \left[\rho + \frac{1}{2} \frac{k}{\gamma} \left(1 - \frac{k}{\gamma}\right) \left(\frac{f(SI)}{\sigma_D}\right)^2 + (\gamma - 1) \cdot \left(\mu_D - \frac{1}{2}(\gamma - 1)\sigma_D^2 + \frac{k}{\gamma} f(SI)\right) \right]^{-1}$$

依据消费公式（7-10），可知投资者 1 的消费比例为

$$\frac{C_t^1}{C_t^1 + C_t^2} = \frac{1}{1 + \lambda_t^{1/\gamma}}$$

投资者 1 的财富比例为

$$\frac{W_t^1}{W_t^1 + W_t^2} = \frac{\sum_{k=0}^{\gamma-1} \binom{\gamma-1}{k} a_k \lambda_t^{k/\gamma}}{\sum_{k=0}^{\gamma} \binom{\gamma}{k} a_k \lambda_t^{k/\gamma}} \qquad (7-14)$$

Friedman（1953）提出自然选择观点，这个观点认为具有不正确信念的投资者最终会被市场上那些理性信念的投资者所清除。Yan（2008）认为不正确信念的投资者能否生存，不仅取决于其信念的精确性，而且与贴现因子和风险厌恶系数有关。为了在模型中考察自然选择观点的正确性，依据财富比例的计算公式（7-14），模拟 100 年后情绪投资者的财富比例。依据 Campbell（2003）对 1891-1998 年美国数据的估计结果，模拟的参数设定如下：$g_D = 1.789\%$，$\kappa = 0.277$，$\mu_D = 1.89\%$，$\sigma_D = 3.218\%$，$\mu_c = 2\%$，$\sigma_c = 2\%$，$\rho = 1\%$，$SI = 4.5$，$\alpha = 0.001$。投资者情绪的影响函数设定为 $f(SI) = e^{\alpha SI} - 1$。当 $SI = 4.5$ 时，$f(SI) = 0.5\kappa\sigma_D$，即投资者 2 高估

了夏普比率50%，也就是投资者认为夏普比率是0.416。100000次的蒙特卡罗模拟结果如图7-5所示。

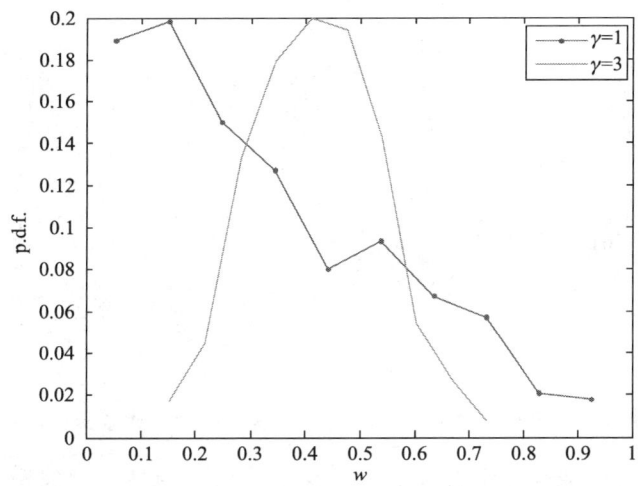

图7-5　100年后情绪投资者的财富比例：不同的风险厌恶系数

如果情绪投资者的风险厌恶系数等于1时，则其投资比较冒险。此时，图形显示财富比例分布图向左侧倾斜，也就是在大多数情况下，情绪投资者的财富比例缩水严重，但是依然保持一个正的财富比例；如果风险厌恶系数等于3，则其投资相对保守。此时，图形显示财富比例分布在中部偏左区域，即在大多数情况下保守的情绪投资者的财富比例可以保持在0.4左右。

当投资者的情绪不同时，导致其对夏普比率的认知不同。下面考察不同的投资者情绪，对以后的财富是否有影响。在数值模拟当中假设投资者2的情绪值分别为 $SI = 4.5$ 和 $SI = 1.8$。投资者情绪的影响函数设定为 $f(SI) = e^{\alpha SI} - 1$，$\alpha = 0.001$。当 $SI = 4.5$ 时，$f(SI) = 0.5\kappa\sigma_D$，即投资者2高估了夏普比率50%，也就是投资者认为夏普比率是0.416。当 $SI = 1.8$ 时，$f(SI) = 0.2\kappa\sigma_D$，即投资者2高估了夏普比率20%，也就是投资者认为夏普比率是0.3324。考察在投资者2高估了夏普比率50%以及20%这两种情况下，100年后情绪投资者的财富比例。其他参数设定如下：$\gamma = 1$，$g_D = 1.789\%$，$\kappa = 0.277$，$\mu_D = 1.89\%$，$\sigma_D = 3.218\%$，$\mu_c = 2\%$，$\sigma_c = 2\%$，$\rho = 1\%$。100000次的蒙特卡罗模拟结果如图7-6所示。

结果显示高估夏普比率50%的情绪投资者，其财富比例分布图向左侧倾斜，也就是此时大多数情况下情绪投资者的财富比例缩水严重。而高估

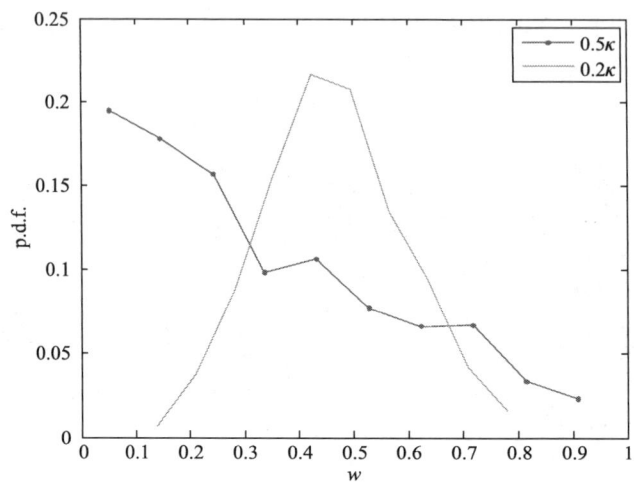

图 7-6 100 年后情绪投资者的财富比例：不同的投资者情绪

夏普比例 20% 的情绪投资者，其财富比例分布在中部偏左区域，即大多数保守情绪投资者的财富比例集中在 0.4835 左右，其财富可以保持一个较高比例。

总之，情绪投资者并不会随着时间的推移，而被清除出市场。投资者的生存性与其信念的精确性以及风险厌恶程度有关。投资者的预期越接近于实际情况，风险厌恶系数越大，则其生存性越大。即模型的模拟结果不支持传统的自然选择观点，与 Yan（2008）的观点一致。数值模拟结果对非理性投资者的长期生存性给出一部分解释，同时也说明投资者情绪在长期也会对资产价格产生重要的影响。

（三）两类投资者：乐观投资者和悲观投资者

假定经济当中有两类投资者 1 和 2。投资者 1 有乐观的投资者情绪，而投资者 2 具有悲观的投资者情绪，即 $SI_1 > 0$，$SI_2 < 0$。其他参数都相同，即每个投资者在初始时的财富都相同，$\rho_1 = \rho_2 = \rho$，$\gamma_1 = \gamma_2 = \gamma$，而且 γ 是整数。则定价公式（7-9）可简化为（证明类似于附录 6）

$$P_t = \frac{\sum_{k=0}^{\gamma} \binom{\gamma}{k} a_k \lambda_t^{k/\gamma}}{(1 + \lambda_t^{1/\gamma})^{\gamma}} D_t \tag{7-15}$$

其中 $d\lambda_t = \lambda_t \dfrac{f(SI_2) - f(SI_1)}{\sigma_D} dZ_t$，$\lambda_0$ 是下面二项式方程的解：

$$\sum_{k=0}^{\gamma-1} \binom{\gamma-1}{k} a_k \lambda_0^{k/\gamma} = \frac{1}{2} \sum_{k=0}^{\gamma} \binom{\gamma}{k} a_k \lambda_0^{k/\gamma}$$

常数 a_k 满足

$$a_k^{-1} = \rho + \frac{1}{2}\frac{k}{\gamma}\left(1-\frac{k}{\gamma}\right)\left(\frac{f(SI_2)-f(SI_1)}{\sigma_D}\right)^2$$
$$+ (\gamma-1) \cdot \left(\mu_D - \frac{1}{2}(\gamma-1)\sigma_D^2 + \frac{k}{\gamma}(f(SI_2)-f(SI_1))\right)$$

投资者 1 的财富比例为

$$\frac{W_t^1}{W_t^1+W_t^2} = \frac{\sum_{k=0}^{\gamma-1}\binom{\gamma-1}{k}a_k\lambda_t^{k/\gamma}}{\sum_{k=0}^{\gamma}\binom{\gamma}{k}a_k\lambda_t^{k/\gamma}} \tag{7-16}$$

为了在模型中考察乐观情绪投资者的长期生存性，依据财富比例的计算公式 (7-16)，模拟 100 年后乐观情绪投资者的财富比例。依据 Campbell (2003) 对 1891-1998 年美国数据的估计结果，模拟的参数设定如下：$g_D = 1.789\%$，$\kappa = 0.277$，$\mu_D = 1.89\%$，$\sigma_D = 3.218\%$，$\mu_c = 2\%$，$\sigma_c = 2\%$，$\rho = 1\%$。投资者情绪的影响函数设定为 $f(SI) = e^{\alpha SI} - 1$，$\alpha = 0.001$。在数值模拟当中假设投资者 1 的情绪值为 $SI_1 = 4.5$，投资者 2 的情绪值 $SI_2 = -0.89$。当 $SI_1 = 4.5$ 时，$f(SI_1) = 0.5\kappa\sigma_D$，即投资者 1 高估了夏普比率 50%，也就是投资者认为夏普比率是 0.416。当 $SI_2 = -0.89$ 时，$f(SI_2) = -0.1\kappa\sigma_D$，即投资者 2 低估了夏普比率 10%，也就是投资者认为夏普比率是 0.2493。100000 次的蒙特卡罗模拟结果如图 7-7 所示。

如果乐观情绪投资者的风险厌恶系数等于 1 时，则其投资比较冒险。此时，图形显示财富比例分布图向左侧倾斜，也就是在大多数情况下，乐观情绪投资者的财富比例缩水严重，但是依然保持一个正的财富比例；如果风险厌恶系数等于 3，则其投资相对保守。此时，图形显示财富比例分布在中部偏左区域，即大多数保守情绪投资者的财富比例可以保持在 0.4 左右。

总之，在风险厌恶系数相同时，乐观情绪投资者高估了未来的收益，购买更多股票，而悲观投资者低估未来的收益，持有较少股票。在 100 年后，由于实际情况不如乐观预期，乐观投资者的财富比例减少较多，而悲观投资者的财富比例相对增加。当投资者风险厌恶程度较高时，乐观投资者和悲观投资者的财富比例变动都较少。

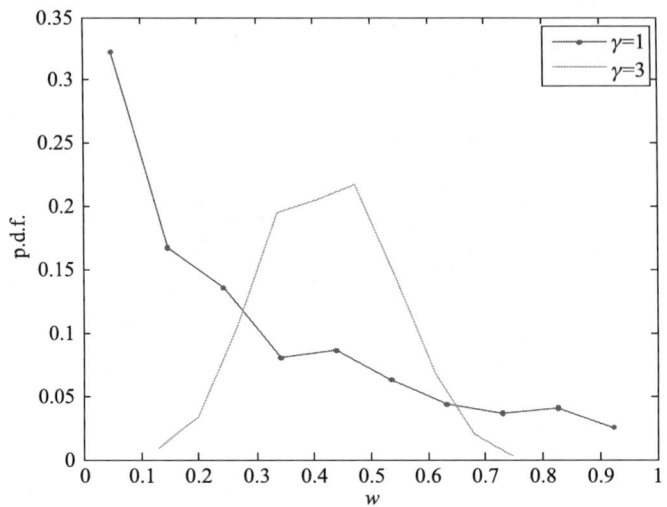

图 7-7　100 年后乐观投资者的财富比例：不同的风险厌恶系数

当投资者的情绪不同时，导致其对夏普比率的认知不同。下面考察不同的投资者情绪，对以后的财富是否有影响。投资者情绪的影响函数设定为 $f(SI) = e^{\alpha SI} - 1$，$\alpha = 0.001$。在数值模拟当中假设投资者 1 的情绪值分别为 $SI_1 = 4.5$ 和 $SI_1 = 1.8$，投资者 2 的情绪值 $SI_2 = -0.89$。即乐观投资者 1 高估了夏普比率 50% 以及 20%，而投资者 2 低估了夏普比率 10%。考察在这两种情况 100 年后乐观情绪投资者的财富比例。其他参数设定如下：$\gamma = 1$，$g_D = 1.789\%$，$\kappa = 0.277$，$\mu_D = 1.89\%$，$\sigma_D = 3.218\%$，$\mu_c = 2\%$，$\sigma_c = 2\%$，$\rho = 1\%$。100000 次的蒙特卡罗模拟结果如图 7-8 所示。

结果显示高估夏普比例 50% 的乐观情绪投资者，其财富比例分布图向左侧倾斜，也就是此时大多数情况下乐观情绪投资者的财富比例缩水严重，但是财富比例依然可以保持一个小的比例。而高估夏普比例 20% 的情绪投资者，其财富比例分布在中部偏左区域，即大多数情况下保守的乐观情绪投资者的财富比例集中在 0.4752 左右，其财富可以保持一个较高比例。也就是投资者的财富比例和其投资者情绪的水平有关。如果投资者情绪太过乐观，在长期其财富比例会大幅度减少，反之，如果投资者情绪的乐观水平较低，即接近于理性信念，则在长期其财富比例只是小幅度减少。

在只有乐观和悲观两种投资者的市场中，情绪投资者的生存性同样与其信念的精确性以及风险厌恶程度有关。情绪投资者的预期越接近于实际情况，风险厌恶系数越大，则其生存性越大。模型对情绪投资者的长期生存性的异象给出了一部分解释，同时也说明投资者情绪在长期也会对资产价格产生重要的影响。

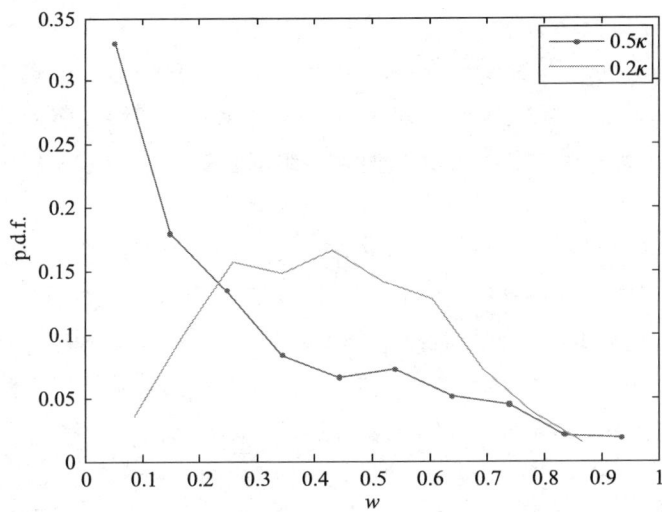

图7-8　100年后乐观投资者的财富比例：不同的投资者情绪

（四）N类投资者

假定经济当中有N类投资者。假设投资者1是理性的（$SI_1 = 0$），而其他投资者具有乐观或者悲观的投资者情绪（$SI_i \neq 0, i = 2, \cdots, N$），并假设其他参数都相同，即每个投资者在初始时的财富都相同，$\rho_1 = \rho_2 = \cdots = \rho$，$\gamma_1 = \gamma_2 = \cdots = 1$。则定价公式（7-9）可简化为

$$P_t = \frac{1 + \sum_{i=2}^{N} a_i \lambda_{i,t}}{1 + \sum_{i=2}^{N} \lambda_{i,t}} D_t \qquad (7-17)$$

其中 $d\lambda_{i,t} = \lambda_{i,t} \dfrac{f(SI_i)}{\sigma_D} dZ_t$，常数 a_i 满足

$$a_i = \left[\rho - \frac{1}{2} \left(\frac{f(SI_i)}{\sigma_D} \right)^2 \right]^{-1}$$

投资者1的财富比例为 $\dfrac{W_t^1}{\sum_{i=1}^{N} W_t^i} = \dfrac{1}{1 + \sum_{i=2}^{N} \lambda_{i,t}}$，投资者 i 的财富比例

为 $\dfrac{W_t^i}{\sum_{j=1}^{N} W_t^j} = \dfrac{\lambda_{i,t}}{1 + \sum_{j=2}^{N} \lambda_{i,t}}$。

当投资者的情绪不同时，导致其对夏普比率的认知不同，从而影响其财富比例。下面进行两组数值模拟，第一组：假设 121 个投资者的情绪值服从 $[-6,6]$ 的均匀分布，其中包含一个理性投资者，第二组：假设 121 个投资者的情绪值服从 $[-3,3]$ 的均匀分布，同样包含一个理性投资者。即第一组投资者情绪偏离理性的幅度较大，而第二组的投资者情绪偏离理性的幅度较小，在此基础上考察理性投资者财富比例的变化。如果理性投资者的财富比例下降，则情绪投资者的财富比例上升，反之，如果理性投资者的财富比例上升，情绪投资者的财富比例下降。投资者情绪的影响函数设定为 $f(SI) = e^{\alpha SI} - 1$，$\alpha = 0.001$。其他参数设定如下：$\gamma = 1$，$g_D = 1.789\%$，$\kappa = 0.277$，$\mu_D = 1.89\%$，$\sigma_D = 3.218\%$，$\mu_c = 2\%$，$\sigma_c = 2\%$，$\rho = 1\%$。对于两组的投资者，100000 次的蒙特卡罗模拟结果如图 7-9 所示，对于第一组的不同情绪的投资者，100000 次的蒙特卡罗模拟结果如图 7-10 所示。

两组投资者的模拟结果显示当众多投资者的情绪变化幅度较大时，理性投资者的财富比例分布图向右侧倾斜，而且财富比例的范围更大，也就是此时相对于第二组的财富比例，第一组的理性投资者财富比例较高，而且财富比例波动较大。这就导致第一组的情绪投资者的财富比例较低，而且波动较大。而第二组的情绪投资者，其财富比例集中在图形中部，其财富可以保持一个较高比例。

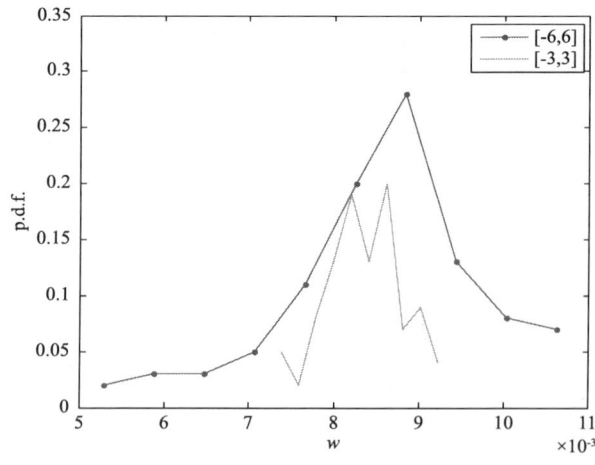

图 7-9　100 年后理性投资者的财富比例

第七章　基于情绪的连续消费资本资产定价模型

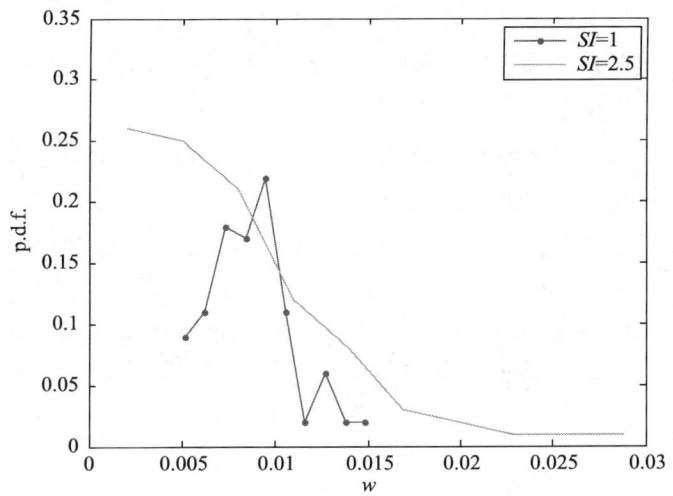

图7-10　100年后不同情绪的投资者的财富比例

同一组的模拟结果显示情绪较大的投资者（$SI=2.5$），其财富比例向左侧偏移，而且波动幅度较大，也就是财富比例缩水较大。而情绪较小的投资者（$SI=1$），其财富比例集中在0.01附近，财富比例保持较高水平，而且波动幅度较小。

综合这两个模拟结果可知，情绪投资者并不会随着时间的推移，而被清除出市场。投资者的生存性与其信念的精确性有关。投资者的预期越接近于实际情况，则其生存性越大。

四、本章小结

传统资产定价理论忽略了投资者情绪的作用，但与之相反，目前大量的实证研究和理论模型研究的结果表明投资者情绪对资产价格有显著影响。本书以情绪的长期作用为切入点构建了连续资产定价模型，丰富了情绪资产定价理论。本书的模型显示投资者情绪对资产价格有显著的长期影响。

首先，依据随机权重的方法，得到了均衡价格公式。公式表明投资者的随机权重受到投资者情绪的影响，从而导致包含随机权重的均衡价格受到投资者情绪的影响。即在连续资产定价模型中，投资者情绪是资产定价的重要因素。

其次，在代表性情绪投资者的模型中，受投资者情绪影响的均衡价格有一个简单的形式。该模型的数值模拟结果表明多样的时变情绪导致了多样的资产价格变化形式。

最后，对理性投资者和情绪投资者，乐观投资者和悲观投资者，N类投资者进行讨论，并得到了简化的定价公式。这些公式的模拟结果表明投资者情绪和风险厌恶系数都对未来的财富比例有影响，过度乐观或者悲观的情绪以及冒险的投资，都会导致财富比例的减少。数值模拟结果对非理性投资者的长期生存性给出一部分解释，同时也说明投资者情绪在长期也会对资产价格产生重要的影响。

第八章 有限理性、投资者情绪与资产定价

基于投资者情绪的资产定价模型已经蓬勃发展，但是目前建立的众多模型都认为投资者具有精密的计算能力，可以在复杂的模型当中求出最优的解，也就是在假设的设定方面仍然保留了很多完全理性的假设，没有彻底过渡到有限理性的假设。古典决策理论认为经济人具有完全理性。完全理性是指经济人对外在的环境知识无所不知；对自己也了若指掌，即具有一个稳定的偏好体系；而且拥有很强的计算能力。在这种几乎无所不能的假设下，经济人能在决策中寻求最优的决策方案，实现利益最大化。然而，在现实中容易犯错的投资者总是与古典决策理论所说的大相径庭。

一、有限理性概述

（一）相关概念

1. 理性

理性指一种行为方式，它适合实现指定目标，而且在给定条件和约束的限度之内。在不同的学科领域，理性所涵盖的内容存在着差异。在早期心理学、逻辑学和伦理学中，理性指运用才智进行选择的过程，比如詹姆士在《心理学原理》一书中将理性作为"推理的特定思考过程"的同义语；而在经济学和社会学界，理性则指选择本身，比如达尔和林德布鲁姆指出"一项行动是理性的，即对于指定目标及其真实处境来说，该行动被'正确地'设计成一种能谋求最大成功的行动。

2. 完全理性

具有完全理性的行为人是个无所不知的超人，他具有纵向和横向方面完备的知识。在纵向方面，他可以预测未来；在横向方面，他通晓资源、

交易伙伴和环境等情况。具体而言，行为人的完全理性包括以下隐含内容。

（1）不存在不确定性，即使存在不确定性，也可以预知不确定性的概率分布。也就是说，对于具有完全理性的行为人来说，一切信息都是确定的。

（2）行为人具有可以确定的效用函数（消费者的效用函数和厂商的利润函数可以统称为效用函数），同时行为人具有同质性以及一致性的偏好体系。

（3）选择结果具有描述不变性、程序不变性和前后关系独立性。描述不变性要求行为人选择的先后顺序不应依赖于所描述或显示的选项，也就是说如果行为人经过再三思考，将两种描述视为同一问题的同义表达，那么它们必定导致相同的选择——即这种思考不存在异处；程序不变性要求不同方式的等价学说揭露相同的偏好次序；前后关系独立性指一项选择与其他替代方案互为独立的原则，它要求在给定 Z 而不提供有关 X 或 Y 的新的信息情况下，X 与 Y 的优先权顺序不应该依赖于 Z 是否有效。

（4）行为人具备完备的计算和推理能力，可以像计算机一样在数秒内从事无穷尽的计算步骤，同时也不存在感性因素对选择的干扰。

（5）选择意味着在各种方案或选择集中进行比较和挑选，因此完全理性的行为人可以设计出所有的被选方案，以及各项方案所产生的全部后果。

（6）一个确定的报酬函数，即行为人可以确定地赋予每项行动结果一个具体的量化价值或效用。

（7）确定性的结果，也就是行为人可以实现效用最大化或最优目标（消费者效用最大化和企业利润最大化）。

在上述条件下，建立在完全理性假设的基础上的主流经济学的方法论，即行为人的选择或决策意味着在资源约束的条件下实现效用最大化或利润最大化。行为人在选择过程中，可以遵循确定性原则、极大极小法则、边际原理以及概率法则（也就是主观期望原则）。

正如主流经济学的典型代表弗里德曼的著名论断所述"彻底的'现实主义'显然无法实现；看一个理论是否'足够'现实，只能看它就眼下意图而言，是否能做出充分好的预见，或做出比其他理论更好的预见"。主流经济学的完全理性假设致使其形成令人称赞的完美体系和预测能力，但是这种完美只是抽象上的理想模式和方法，不仅经不起经济学内部的逻辑推敲，也经不起实践和现实的考验。

3. 有限理性

有限理性是指介于完全理性和非完全理性之间的在一定限制下的理性。有限理性（bounded rationality）的概念最初是阿罗提出的，他认为有限理性就是人的行为"即是有意识地理性的，但这种理性又是有限的"。一是环境是复杂的，在非个人交换形式中，人们面临的是一个复杂的、不确定的世界，而且交易越多，不确定性就越大，信息也就越不完全；二是人对环境的计算能力和认识能力是有限的，人不可能无所不知。"有限理性"概念的主要提倡者是诺贝尔经济学奖得主西蒙（Simon）。自从他提出有限理性概念半个世纪以来，经济学家对什么叫有限理性至今没有公认一致的看法。

4. 有限关注

关注是指一种稀有的认知资源（Kahneman，1973）。它是认识资源从一种任务对另一种任务上的一种替代。Kahneman（1973）提出的关注模型，他认为关注是一种基于对外界信息输入处理的有意识活动，总体上可能的处理能力可以由于外界的刺激而增加或是减少，同时存在决定各种意识资源分配和各个处理阶段的规则和策略。关注能力（attentional capacity）反应外界输入信息被理解或是记忆和反应选择这类感觉层次上的需求。Engelberg et al.（2009）认为关注是指投资者因特定的引人关注事件而对相应股票产生偏离基本面的过度反应。

有限关注是指投资者因不具备完全的处理和吸收所有可得信息能力时，所产生的对联系股票基本面的相应信息反应不足的情况（Engelberg et al.，2009）。有限关注是行为金融学的前沿理论，认为在海量信息情况下，散户投资者的决策是有限理性的，倾向于购买引起自己关注的股票。目前，关注现象对于决策制定过程的影响，广泛存在于经济和心理研究领域。然而，其对股票市场影响的研究则处在发展阶段。

投资者关注作为现实中投资者所存在的特定心理现象，在经济和公司基本面等其他状况没有发生根本变化的情况下，会对投资者投资决策产生重大的影响。具体来说，投资者关注通过投资者投资行为的改变，影响公司股票的资产价格和成交量，继而引起股票价格在短时间内发生巨大的波动，在某种程度上带来一定的风险。对于个人和机构投资者，了解投资者关注现象，可以有效地获利或者避免一定损失；对于监管部门，了解投资者关注现象，可以改进市场交易质量，抑制股票市场的过度波动。

在国内贾春新等人（2010）、权小锋和吴世农（2010）、于李胜和王艳艳（2010）、饶育蕾，彭叠峰和成大超（2010）等以投资者关注角度考察中国股市，发行投资者关注与股票收益有显著的相关性。其中贾春新等人（2010）选择谷歌历史资讯数量作为投资者有限关注度量指标，其研究发现市场范围的投资者情绪会通过有限关注这一机制对不同个股的回报产生不同影响。权小锋和吴世农（2010）发现盈余公告日市场的交易量反应与投资者关注呈 U 型关系。于李胜和王艳艳（2010）的研究结果表明，信息竞争性披露在一定程度上能提高投资者的分类认知效率，投资者对未预期盈余的敏感性随竞争性信息数量的增加而增强，而盈余公告后的漂移程度则随竞争性信息数量的增加而减少，原因在于相关信息有利于投资者解读所持股票的信息，从而提高了市场效率。

（二）有限理性理论基础

1. 根本的不确定性

美国经济学家奈特（1921）指出有限理性的根基是根本的不确定性，他认为风险是一种人们可知其客观概率分布的不确定，而不确定性则意味着人们不知道这一概率分布，甚至对未来将要发生的一切一无所知，这些将来事件对决策者而言是全新的、唯一的、过去从来没有出现过的。Georgescu – Roegen（1971），Shackle（1961），Slater 和 Spencer（2000）提出相应的观点。他们认为不完全信息是指决策者知道某一变量所有可能的取值，以及每一值发生的概率，而根本的不确定性是指决策者根本不知道变量有几个可能的值，更不知道每一个可能值发生的概率。这种根本的不确定性不是外生给定的自然界的不确定性，而是人类决策交互作用内生地产生的社会不确定性。换言之，哪怕自然界完全没有不确定性，人们决策互动的后果也可能产生根本的不确定性。凯恩斯（1973）将这种社会性内生的不确定性称为碰运气不确定性。

Tversky 和 Kahnerman（1974）共同指出由于外部环境十分复杂，决策时所面对的信息量十分庞大，决策者经常会采用低成本的，依其先天生态特征"可靠的"解决问题的策略，如决策者通常采用启发法而不是概率准则进行决策，这些决策方式往往会导致易得性启发偏差、代表性启发偏差、基于锚系调整的偏差等系统性偏差，股票价格对信息的过度反应和反应不足等非理性现象。

国内学者黄有光、姚顺田、杨小凯、赵一民等经济学家通过瓦尔拉斯均衡模型研究有限理性理论。他们认为瓦尔拉斯均衡模型是所有可能的激励机制中达至社会理性所需信息处理费用最小的激励机制，即瓦尔拉斯竞争机制在达到社会理性的条件下，对个人理性的要求最低，而个人决策面临的不是不完全信息，是根本的不确定性。每个决策者不但不知道他人的生产函数和效用函数，而且对有不确定性的参数个数，取值范围，及其概率分布一无所知。如果他们要获得这些不完全信息，收集不完全信息的费用惊人，信息处理的基础计算最优决策的费用也惊人。因此每个人只能按照看得见的市价做决策，而不理他人的决策及他人的私人信息。因此个人决策之间及其与价格的互动会产生社会性的根本不确定性。

2. 行为人的生理限制

美国心理学家、生物反馈学说的创始人 Miller 的研究认为：行为人自身的生理限制，也就是人在生理方面固有的计算和推理能力不足。行为人对信息和知识的利用受到来自大脑记忆的天生限制，这也是导致行为人只能不完全理性行为的内部原因。他发现行为人的快速短时记忆的容量只能 $(7+/-2)$ 项，从短时记忆向长时记忆存入一项需要 5—10 秒钟，记忆组织是一种表列等级结构（类似于计算机的有限内存，从内存到外存的存取需要时间，以及计算机的储存组织形式），这些是大脑加工所有任务的基本生理约束。正是这种约束使思维过程表现为一种串行处理或搜索状态，在同一时间内考虑的问题是有限的，从而也限制了人们的注意广度以及知识和信息获得的速度和存量。与此相适应，注意广度和知识范围的限制又引起价值偏见和目标认同，而偏见和目标认同反过来又限制人们的注意广度和知识信息的获得。

世界行为金融研究顶尖专家 Shefrin 与 Thaler（1988）指出自我约束问题是决策非理性的重要根源，并通过引入心理账户变量和心理定格变量，对传统的基于完全理性的"生命周期假说"进行修正，提出了行为生命周期假说，有效地解释了人们在养老金储蓄计划中的有限理性决策。

行为经济学家 Donoghue 和 Rabin 等提出的"自我约束问题是人们决策非理性的重要根源"的基础上指出，虽然人们在某种程度上意识到自我约束问题的存在，却往往难以纠正它。由此可见，来自生理限制方面的约束是客观存在的,很难克服的约束,是人类在认知路上必须要承担的成本。

经济学家施密德在《制度和行为经济学》中认为人的大脑是具有模块性的,大脑信息处理的能力有限且不同组成部分具有某种独立的影响人类行为的能力,大脑的这种特征决定了人们行为和决策只能是有限理性的。

舒建平、谭燕芝(2007)认为行为学、心理学研究表明,人类认知机制的固有限制使得在复杂的不确定性条件下的决策往往会产生系统性的偏差,这是导致有限理性的根本原因。

3. 信息处理成本限制

Conlisk(1996)认为"存在丰富的经验证据证明有限理性是重要的,在大量有影响的文献中有限理性模型已经证明了它们自身的存在,标准分析中假设的完全理性理由是不充分的,它们的逻辑是模棱两可的,一项经济决策的作出是一种成本高昂贵的活动,一个好的经济学要求我们接受所有的成本"。科恩里斯克认为要达到完全理性是要支付高昂的成本,人们支付不起维系完全理性的成本,在决策过程中也就只能是有限理性了。

信息处理成本是由周围环境造成的外在成本,而心智成本则是从节约内在成本出发。心智成本包括理性计算的思维成本、对信息理解和处理的成本、认知协调成本以及与情感、动机、偏好、价值观相关的心理成本。心理成本是有限理性的重要根源,决定了人类理性和非理性运用的状态和程度。人类秉着理性经济的天性,当遇到复杂的外在环境时,需要动用很大的脑力去算计与推理的时候,人们往往选择理性捷径来做出决策,有意地避免心智耗费。在人们的心智资源稀缺的情况下,为了追求心智成本的最小化,因为人们依据直觉、情绪、路径依赖、经验判断等捷径做出决策。

哈耶克认为人的心智永远不可能被人的心智充分了解。人们了解、预测、控制心智的能力具有无法逾越的局限性。这些局限否定了理性主义对世界的某种理解。他认为心智受两种因素的影响,一方面在某种程度上,心智即是大脑的物理结构以某种共同的方式演化的结果,表现为大多数人在感知上非常近似;另一方面每个具体的环境和经验将导致心智沿着不同的方向进化,并以不同的方式作用于感知。于是人们生活的不断变化,人所积累的所有经验将影响其认知的发展。

4. 制度不完善的限制

新制度经济学派的科斯在批判了理性人假设时指出"应该从人的实际

触发来研究人,实际的人在由现实制度所赋予的制约条件中活动",在现实制度赋的制约条件下,人们的理性也会受到制约。

美国哈佛大学梅奥教授的霍桑试验的研究结果也否定了古典管理理论中经济人的假设,表明工人不是被动的、孤立的个体,其行为不仅仅受工资的刺激,影响生产效率的最重要的因素不是待遇和工作条件,而是工作中的人际关系。于是他认为工人是"社会人"而不是"经济人"。

(三) 研究进展

主流经济学一直将完全理性作为其体系的一个重要前提假设。对于具有完全理性的行为人来说,一切信息都是确定的,即使存在不确定性,也可以预知不确定性的概率分布。行为人具有可以确定的效用函数、同质性以及一致性的偏好体系。行为人选择结果具有描述不变性、程序不变性和前后关系独立性。行为人具备完备的计算和推理能力,可以像计算机一样在数秒内从事无穷尽的计算步骤,同时也不存在感性因素对选择的干扰。行为人可以在各种方案或选择集中进行比较和挑选,以及知道各项方案所产生的全部后果。具有完全理性的行为人是个无所不知的超人,他具有纵向和横向方面完备的知识。在纵向方面,他可以预测未来;在横向方面,他通晓资源、交易伙伴和环境等情况。

亚当·斯密在他的《国富论》中对理性人或经济人的描述为:"每个人都在力图应用他的资本来使其生产产品得到最大的价值,他们并不企图增进公共福利,也不知道他所增进的公共福利为多少,他们所追求的仅仅是他个人的安乐,仅仅是他人人的利益"。

1933年,凯恩斯在《通论》中论述了情绪(尤其是信心或"工商界所谓的信任状态")波动、长期预期状态及其对市场投资的影响。而且凯恩斯也指出了,行为人并不具有完全理性所能导致的完全预期,实际上,行为人的预期是不稳定的,这也因情绪而起。在凯恩斯看来,人们对未来预测的信心,是通过资本边际效率而影响到经济的。更重要的是,由于"我们现有知识不足以算出一个正确预期",经济体系的秩序(连续性与稳定性)亦只能依赖于我们对"现存状况将无定期继续下去"的信心。

西蒙 (1947) 是有限理性 (Bounded Rationality) 的主要提倡者,他认为行为人"主观上追求完全理性,但客观上只能有限地做到这一点"的行为特征。西蒙 (1955) 对"完全理性"提出了质疑,并详尽而深刻地指出了新古典经济学理论的不现实之处。他认为现实生活中人,作为管理者或决策者的人是介于完全理性与非理性之间的"有限理性"的"行政人",而非"完全理性"的"经济人"。Simon(1955)认为完全理性在现实生活中是不存在的,取而代之的是介于完全理性与非理性之间的有限理性。他指出所有的代理商掌握的信息是不完全的,计算和分析信息的能力是有限的,在决策时选择简单的预测规则。投资者在决定过程中寻找的并非是最优的标准,而只是满意的标准。

Tversky 在《理性选择与感性选择的原理比较》中,采用实验结果详尽地反驳了理性选择的基础:选择的描述不变性、程序不变性和前后关系独立性假设。他发现,与描述不变性结果相反,行为人是根据选择的描述而进行选择的,而非基于他自身的选择集。行为人系统化地违背了程序不变性,特韦尔斯基征明了行为人经常根据对选择属性的重视程度与情境的和谐程度来制定偏好的顺序,卡尼曼提出的易得性原则也证明了这一点。特韦尔斯基证明,行为人的优先选择是被选项集所影响的,并且一个选项的受欢迎程度可以通过扩大集合来提高。比如,"比较效应"的作用,导致选择和判断的非独立性。行为人不是将预先计算好的选择序列最优化,而是根据可得到的选择项来构造他们的选择,结果,所提供集合中的变化生成了不符合简单最优化的决策。

Miller(1956)认为行为人对信息和知识的利用受到来自大脑记忆的天生限制,这也是导致行为人只能不完全理性行动的内部原因,研究者在分析一个特定问题时使用有限数量的变量。Tversky & Kahneman 在 1974 年发表的《Judgment under Uncertainty: Heuristics and Biases》提到人们在判断概率(probabiliites)和预测(predict values)中采用三种经验(heuristics)中存在不同形式的偏见(biases):代表性(representative),可得性(availability)和调整与锚定(ajustment and achoring)。Scott(1994)比较权威性地总结了三种不同表述内容的有限理性概念:获取和处理信息的巨大成本所产生的后果;能力的有限;人类理解或思维中存在着系统性的扭曲。Conlisk(1996)对有限理性研究的结论:"存在丰富的经验证据证明有限理性是重要的;在大量有影响的文献中,有限理性模型已经证明了它们自身的存在;标准分析中假设的完全理性理由是不充分的,它们的逻辑是模棱两可的;一项经济决策的作出是一种成本高昂的活动,一个好的经济学要求我们接受所有的成本"。

第八章 有限理性、投资者情绪与资产定价

Kalmeman（2002）结合行为科学和经济心理学的观点，认为行为人的行动受到直觉和推理两个系统的影响。Gennaioli 和 Shleifer（2010）认为当投资者没有时间思考时，Kalmemam 提出的两个系统并没有起作用，而是采用默认做法。从而出现 Tversky and Kahneman（1974）替代的调整与锚定（ajustment and achoring）现象，也就是人们在对数值性的预测时，总是从一个锚定值开始进行调整，从而得到一个最终值。

Xavier Gabaix（2012，2014）构建了一个基于有限理性的模型，在此模型中决策者对世界有一个简化的看法。具体而言简化的看法就是稀疏性（sparse），例如只关注少数参数，变量在一定范围内是常数。依据稀疏性，决策者可能不完美地最优化他们的问题。

宋军，吴冲锋（2001）建立了基于有限理性和传染机制的资产定价模型，实现了从微观上市场参与者的特征到宏观上市场价格的有效转换，可以解释金融资产的价格泡沫和波动率过大现象。

史金艳（2006）分别从投资者风险偏好和有偏预期的角度引入投资者有限理性，建立了考虑投资者损失厌恶的最优投资决策模型、部分信息下基于过度自信的最优投资决策模型，并在此基础上建立了一个均衡资产定价模型，充实了行为金融最优投资决策与资产定价理论。

张永杰，张维和金曦（2009）通过构建一个世代交替条件下，同时存在 BSV 投资者、噪音交易者以及理性预期投资者的均衡模型，在理性预期均衡条件下扩展了 BSV 模型。通过对模型均衡价格的分析以及进一步的数值模拟发现：在套利限制与噪音交易同时存在的条件下，风险厌恶的理性预期投资者并不能完全纠正 BSV 投资者心理偏差对于风险资产价格的影响，导致均衡市场价格几乎时时偏离信息效率价格。如果投资者非理性的状态能够充分多样化，那么风险资产价格过度波动程度就可以被大大减弱。

林树和俞乔（2010）通过模拟实验市场排除其他因素的影响，考察资产价格在接近极点的状态时，交易主体情绪与交易行为之间的规律性关系。主要的实验结果为：（1）在资产价格攀升到最高点（顶部）时，情绪波动与资产价格主要由经济基本面的变化决定，而且不同情绪的变化会影响交易主体对资产的买卖行为；（2）在资产价格下跌至最低点（底部）时，投资者对资产的买卖行为则受到基本面信息变化的影响。其研究证明，在两种极端的市场环境下，交易行为的"非理性"与"过分理性"具有显著的不对

称性。该研究为行为资产定价理论提供了直接的心理学依据。

彭叠峰（2011）在一个带噪声信息结构的两期单资产定价模型中，推导出关注者比例与风险资产期望收益之间的关系，并在此基础上引入噪声交易者和理性疏忽者，求解噪声条件下的理性预期均衡，从而提出了本书最重要的分类关注假说。利用网络新闻条数来衡量股票关注度，分析了网络新闻关注对股票交易的影响，检验股票关注度与股票期望收益的横截面关系。实证发现在控制其他股票特征后，高关注股票具有较高的股票成交量和换手率；高（低）关注度的股票在下一个月收益较低（高），通过买入低关注度股票、卖出高关注股票的套利策略可以获得1.98%的月度超额收益，经风险因子调整后仍然显著。

梁汉超、杨春鹏和蔡创群（2017）建立了一个整合了投资者情绪、有限理性和高阶期望的动态资产定价模型，他们发现有限理性导致资产错误定价，在下一期定价时才降低错误定价幅度。

二、有限理性与基于情绪的资产定价模型

（一）锚定和调整函数

目前学者对"满意"的标准尚未完全达成共识，对未来研究有重大影响的成果是Gabaix（2011，2012）提出的基于稀疏性构建模型的思想。模型中假设决策者对世界有一个简化的看法。具体而言，简化的看法就是稀疏性（sparse），例如只关注少数参数，变量在一定范围内是常数。依据稀疏性，决策者可能不完美地最优化他们的问题。此模型可解决消费储蓄问题，跨期消费问题以及组合选择问题。本章在情绪资产定价模型中加入有限理性的因素，探讨在稀疏性的假定之下，投资者情绪对资产价格的影响。

为了展示这个稀疏性的框架，在静态模型的基础之上考虑有限理性对投资者情绪产生的影响，进而讨论资产定价问题。在模型中，"人类的思维过程表现为一种串行处理或搜索状态，而同一时间内考虑的问题是有限的"（Simon, 1955），因此投资者忽略了微弱情绪的变化，或者不能准确识别微弱的投资者情绪，从而在一定区间内，投资者并没有依据自身情绪来改变投资组合，维持原先的投资组合。只有当投资者情绪上涨（或者下跌）的幅度超过某一个临界值时，投资者才意识到情绪已经发生巨大变

化,从而持有(或者减少)更多的风险资产。本书的模型表明在微弱情绪区间,投资者情绪并不影响资产价格,而在此区间之外,投资者情绪对资产价格有重要的影响。

由于投资者对未来的红利有乐观或者悲观的情绪,假设投资者认为含有情绪的红利均值满足

$$\overline{D}_s = \overline{D} + f^{BR}(SI) \tag{8-1}$$

其中 $f^{BR}(SI) = f(\tau(SI,\kappa))$,函数 $f(SI)$ 是按照第五章静态模型的设定,τ 是瞄定和调整函数(Gabaix,2011),其表达式为

$$\tau(SI,\kappa) = |SI - \kappa|_+ sig(SI) \tag{8-2}$$

也就是

$$\tau(SI,\kappa) = \begin{cases} SI - \kappa & \text{当 } SI \geq \kappa \\ 0 & \text{当 } |SI| < \kappa \\ SI + \kappa & \text{当 } SI \leq -\kappa \end{cases}$$

对应的图像如 8-1 所示。

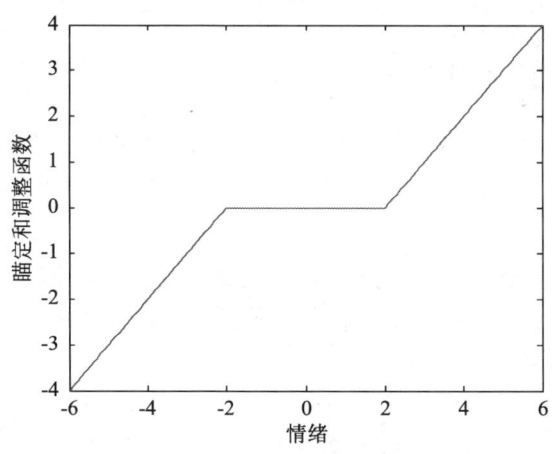

图 8-1 瞄定和调整函数

函数的经济含义是当投资者情绪在阀值 κ 的范围之内时,投资者的情绪波动比较微弱,投资者不会改变其需求量,从而在这个范围情绪投资者的表现类似于理性投资者。这个设定就意味着模型的稀缺性,意味着投资者的情绪反应在减弱。而在其他区间,有个调整常数,这个是锚定和调整部分。这个设定与 Tversky 和 Kahneman(1974)阐述的锚定和调整现象一致。在他们的实验当中,存在锚定一个默认的价值,并部分的向真实值调

整。此时，调整情绪函数如图8-2所示。

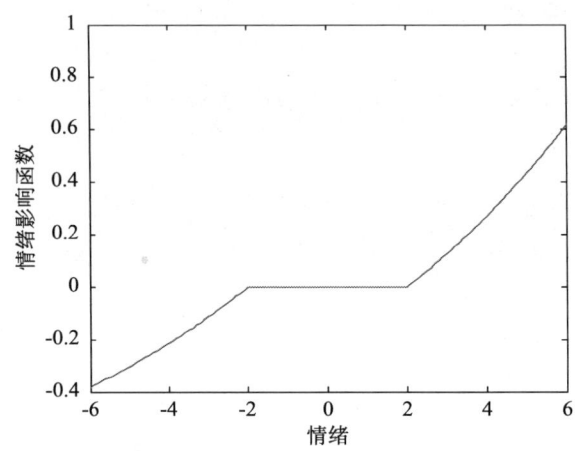

图8-2 调整情绪函数

那么认知收益为

$$r_s = \ln \overline{D}_s/P_0 = \ln \overline{D} - \ln P_0 + f^{BR}(SI) = r + f^{BR}(SI)$$

（二）基于有限理性的最优需求函数

假设市场上全都是同质的情绪投资者，即存在一个代表性行为人，其风险资产投资者比例为θ。由于情绪投资者对风险资产的价格分布有错误认知，为简单起见，先讨论投资者情绪影响投资收益的情况。由对数效用近似方法得到最优需求函数：

$$\theta = \frac{E(r_s) - r_f + 0.5\sigma^2}{\sigma^2} = \frac{E(r) - r_f + 0.5\sigma^2}{\sigma^2} + \frac{f^{BR}(SI)}{\sigma^2} = \theta_r + \theta_s$$

其中 $\theta_r = \frac{E(r) - r_f + 0.5\sigma^2}{\sigma^2}$，$\theta_s = \frac{f^{BR}(SI)}{\sigma^2}$。$\theta_r$为理性风险资产需求，$\theta_s$为情绪风险资产需求，反映了情绪投资者对风险资产需求额外需求。

为了量化投资者情绪对风险资产需求函数的影响，依据情绪函数的假定，本书不妨假设一个简单的函数：

$$f(SI) = e^{\alpha SI} - 1, \quad \alpha > 0$$

数值模拟如下：设$E(r) = 0.05$，$r_f = 0.02$，$\sigma = 0.25$，$\alpha = 0.12$，$SI \in [-6, 6]$，则风险投资比例与情绪的图像如图8-3所示。图中的虚线是情绪风险资产需求，实线是整体需求。该图表明随着投资者情绪数值的变化，风险资产的需求增加。这是因为投资者情绪的改变,导致情绪风险资产需求的改变,从而导致整体需求也改变。在这过程中理性风险资产需求一直是不变的。

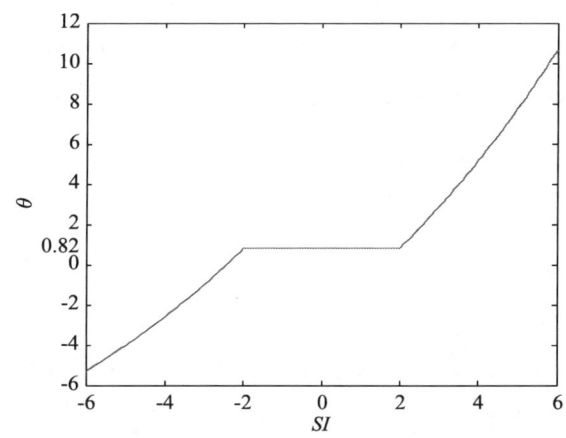

图 8 - 3　调整风险资产需求函数

三、模型的讨论

在第二部分得到了最优风险资产需求函数,结合市场出清条件,可以求得风险资产的定价公式。

(一) 代表性情绪投资者

假设市场上全都是同质的情绪投资者,即存在一个代表性行为人。那么在市场上该代表性行为人要购买所有的股票,在供给需求均衡时,此时有 $\theta W = P_0^*$。如果 $W\theta > P_0$,则风险资产的需求超过市场上风险资产的供给,投资者的行为可以推高股价,在更高的价格中形成均衡价格。反之,如果当 $W\theta < P_0$,需求不足,股票价格下跌,直到供给需求平衡。当 $W\theta = P_0$,说明供给需求已平衡,此时投资者投资的财富与股票总市值相等。

把最优风险资产需求函数代入均衡条件中,可得

$$\overline{D} + f^{BR}(SI) - \ln P_0^* = r_f + \left(\frac{P_0^*}{W} - \frac{1}{2}\right)\sigma^2 \tag{8-3}$$

上面的方程没有解析解。对上述公式求导,可以得到均衡价格对情绪的敏感性,

$$\frac{dP_0^*}{dSI} = \begin{cases} \frac{WP_0^* f'(SI)}{W + P_0^* \sigma^2} > 0 & \text{当} |SI| \geq \kappa \\ 0 & \text{当} |SI| < \kappa \end{cases}$$

这就说明在阀值范围内，价格对情绪不敏感，而在阀值之外，价格与投资者情绪正相关。当情绪越高涨，买进股票越多，从而继续推高股票价格。当投资者初始财富等于股票均衡价格时，上述方程存在解析解：

$$P_0^* = e^{(\overline{D} - r_f) - 0.5\sigma^2} \times e^{f^{BR}(SI)} = P_r e^{f^{BR}(SI)}$$

$$= \begin{cases} FR + FS & \text{当} |SI| \geq \kappa \\ FR & \text{当} |SI| < \kappa \end{cases} \tag{8-4}$$

其中 $FR = P_r = e^{(\overline{D} - r_f) - 0.5\sigma^2}$，$FS = P_r(e^{f^{BR}(SI)} - 1)$。

方程（8-4）表明均衡价格由两部分构成：理性部分和情绪部分。理性部分就是理性价格，而情绪部分是情绪对资产价格造成影响所贡献出来的部分，是投资者情绪力量的展现。情绪价格受到投资者情绪的直接影响，而且导致均衡价格远离基础价值。特别地，当投资者情绪在阀值范围内之时，情绪投资者可以看成理性投资者，即 $SI = 0$，此时均衡价格等于理性价格。

定义度量市场有效性指标 E

$$E = \frac{FR}{FR + |FS|} \tag{8-5}$$

当均衡价格满足方程（8-4）时，市场有效性指标为

$$E_{BR} = \frac{FR}{FR + |FS|} = \frac{P_r}{P_r + P_r|e^{f(SI)} - 1|}$$

$$= \begin{cases} e^{-f(SI)}, & SI > \kappa \\ 1, & \text{当} |SI| < \kappa \\ (2 - e^{f(SI)})^{-1}, & SI < -\kappa \end{cases} \tag{8-6}$$

对比式子（8-6）和式子（3-6）可知，由于市场的摩擦，投资者在微弱情绪区间并没有改变其投资策略，从而在阀值范围之内，有效性指标相对原先的指标较高。为了量化投资者情绪对均衡价格和市场有效性的影响，依据情绪函数的假定，不妨假设一个简单的函数：$f(SI) = e^{\alpha SI} - 1$。数值模拟如下：设 $E(r) = 0.05$，$r_f = 0.02$，$\sigma = 0.25$，$\alpha = 0.12$，$SI \in [-6, 6]$，则风险投资比例与情绪的图像如图 8-4 所示。图形显示调整之后的情绪，在阀值范围之内，对资产价格不产生影响，增强了市场有效性。投资者情

绪处在微弱范围时，投资者并不会改变其投资决策，因此模型对投资者决策的滞后性给出部分解释。

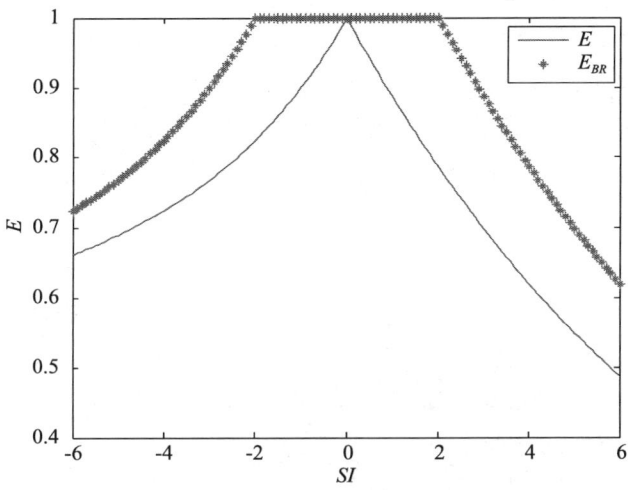

图 8-4 市场有效性和投资者情绪

（二）乐观投资者和悲观投资者

这里仅讨论乐观投资者和悲观投资者，理性投资者和情绪投资者的情况类似。假设悲观投资者的财富占总财富的比例为 w，悲观情绪 $SI_1 < 0$，乐观投资者的为 $1-w$，乐观情绪 $SI_2 > 0$。当市场出清时，有

$$\theta_1 W_1 + \theta_2 W_2 = P_0^* \cdot 1$$

从而有

$$\overline{D} - \ln P_0^* = r_f + \left(\frac{P_0^*}{W} - \frac{1}{2}\right)\sigma^2 + w f^{BR}(SI_1) + (1-w) f^{BR}(SI_2) \quad (8-7)$$

上式没有解析解。当所有投资者的财富与风险资产的均衡价值相等时，上述方程存在解析解：

$$\begin{aligned}
P_0^* &= e^{(\overline{D} - r_f - 0.5\sigma^2)} \times e^{w f^{BR}(SI_1) + (1-w) f^{BR}(SI_2)} \\
&= P_r + P_r \left(e^{w f^{BR}(SI_1) + (1-w) f^{BR}(SI_2)} - 1\right) \\
&= FR + FS
\end{aligned} \quad (8-8)$$

其中 $FR = P_r$，$FS = P_r \left(e^{w f^{BR}(SI_1) + (1-w) f^{BR}(SI_2)} - 1\right)$。

在某种财富禀赋情况下，一方面，乐观投资者对风险资产需求更多，推高风险资产的均衡价格；另一方面，悲观投资者对风险资产需求减少，

拉低风险资产的均衡价格。两类投资者综合作用的结果，只有特殊情况才会把投资者情绪相互抵消，而在一般情况下投资者情绪仍然影响均衡价格。至于是乐观情绪取主导作用，还是悲观情绪取主导作用，取决于投资者情绪的高低以及他们的财富。

由于投资者在微弱情绪区间并没有改变其投资策略，从而在阀值范围之内，投资者情绪的影响减弱。依据情绪函数的假定，不妨假设一个简单的函数：$f(SI) = e^{\alpha SI} - 1$。数值模拟如下：设 $E(r) = 0.05$, $r_f = 0.02$, $\sigma = 0.25$, $\alpha = 0.12$, $w = 0.5$, $SI \in [-6,6]$，则悲观情绪和乐观情绪相互作用的数值化例子如图 8-5 所示。该图表明如果乐观情绪和悲观情绪都在阀值范围之内，投资者情绪不影响资产均衡价格（见图中平面部分）；如果两类情绪之一在阀值范围之内，而另一个情绪在阀值之外，则在阀值之外的情绪对资产价格产生影响；如果两类情绪都在阀值之外，两者情绪的综合作用影响了资产均衡价格。

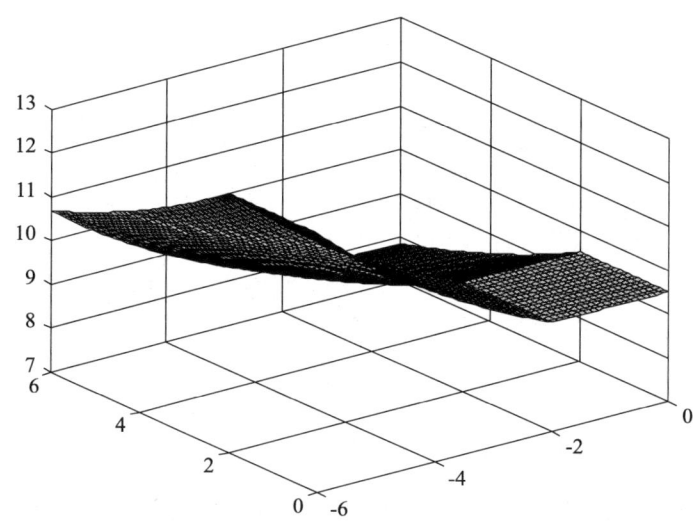

图 8-5　调整悲观情绪、调整乐观情绪与资产价格

四、本章小结

从有限理性的角度建立了静态资产定价模型。模型说明当投资者情绪在阀值范围之内，投资者对微弱的情绪并不敏感，从而投资者情绪对投资者的行为并没有影响。只有投资者情绪超过阀值，投资者才会有改变其投

资策略的冲动,进而影响资产价格。从投资者情绪角度,模型对投资者决策滞后性给出了一部分解释。在本章中,仅仅做了初步的探讨,本研究还存在一些不足:

(1)本章只在静态资产定价模型讨论有限理性的影响,尚未在动态和连续模型中讨论有限理性对资产价格的重要影响,这些是未来重要的研究方向。

(2)虽然引入了投资者情绪因素和有限理性,但在模型求解当中依然保留了最优化模型,依据有限理性关于满意原则的理论,未来的重点是按照"满意"原则而不是最优化原则求解模型。

第九章　投资者情绪与股市危机预警系统

目前，传统的金融理论对金融市场出现的诸多异象（过度波动性之谜、股权溢价之谜、封闭式基金之谜等）难以解释。特别地，传统金融模型在阐述金融危机产生的原因和发展机理方面存在巨大障碍。例如1987年美国金融危机依然困扰着传统金融理论。在这场危机中股票价格平均下跌22.6%，此次下跌幅度超过了宏观经济变量能够解释的范畴（Black，1988）。与2014年的宏观经济指标相比，2015年中国宏观经济指标没有发生大的变化，然而股灾却突然降临，导致大量投资者损失惨重，这次股灾已经完全不能够采用传统预警模型来进行解析。

行为金融已经获得了大众、媒体和理论界的认可。2000年诺贝尔经济学奖获得者Daniel Kahneman在美国西北大学演讲时强调："如果你通过电台或者电视收听金融分析，你很快就意识到金融市场具有心理。金融市场确实有个性、思想、信仰和情绪，有时具有狂暴的情绪。"2013年获得诺贝尔经济学奖的Robert Shiller在其流行著作《动物精神》中认为人们的选择并非都是理性的，而是受到感情、激情、直觉甚至本能等等非理性因素支配。行为金融认为投资者不是"理性人"，而是正常人，也就是说人们的情绪会影响他们的交易行为。目前，投资者情绪已成为资产定价研究领域的焦点。

已有研究结果表明投资者情绪是影响股票价格的系统性因子，但是有些研究方向依然没有进行深入研究，特别是投资者情绪与股票危机之间的实证问题也较少。许多研究把研究重点放在测试情绪指标对股票价格的总体或者不同阶段条件下的预测能力。少数研究尝试直接探讨情绪指标与股市危机之间联系。部分学者（White，1990；De Long and Shleifer，1991；Shiller，2000）认为投资者情绪波动能够成为解释金融危机的重要因子，但是没有进行更详细分析。只有两个研究（Siegel，1992，Baur等人，

1996）是探讨情绪指标与 1987 年美国股市危机之间联系。在国外只有 Zouaoui 等人（2011）检验投资者情绪对一年内发生股市危机的预测能力。在国内，蒋致远、吕海英和朱名军（2013）运用动态因子模型（DFM）发现过度高涨的市场情绪会增加危机及临界点发生的风险。

为了丰富投资者情绪的预测危机研究，本章通过实证研究检验投资者情绪指标对股市危机的预警能力，并建立起完善的股市危机预警模型与流程，把投资者情绪指标加入该系统，考察投资者情绪的加入，对股市预警模型的影响。与 Zouaoui 等人（2011）研究相比，虽然采用的方法和部分结论是一致的，例如采用主成分分析方法、Logit 模型和 KLR 方法，在多元指标的预警系统中，引入投资者情绪可以增加预警系统的预测能力，但是在指标选择、考察对象和研究结论方面存在以下不同。

第一，选择的宏观经济指标不同以及考虑了指标之间的多重共线性。比 Zouaoui 等人只考察了 5 个金融和宏观经济变量，考察更多的宏观变量，并检查其预警能力。研究结果表明在统计显著性 1% 水平下，16 个指标当中只有四个能够有较好的预警能力，这四个指标分别是国内生产总值增速、新增固定资产投资累计增速、制造业采购经理综合指数、经济景气指数预警指数。这个结果与中国股市走势在整体上不能够由宏观指标来解释的事实是一致的。例如在 2015 年 6 月份中国宏观数据与其他月份并没有太大差别，然而股灾突然降临，许多投资者措手不及，导致资产缩水极其严重。除了监管政策发生改变之外，引起这种现象的重要原因是噪音交易的存在和频繁发生，以及非理性的投资行为。由于宏观变量之间存在较高的相关性，为了克服多重共线性，在多元回归模型中采用了主成分分析方法，提取了综合宏观经济变量。

第二，构建投资者情绪的代理变量不同，剔除了 IPO 数据。原因是中国股市在快速发展过程中，政府规范股市的监管行为，导致 IPO 数据经常缺失，不利于模型的分析。

第三，Zouaoui 等人（2011）考察 16 个国家金融危机情况，本章主要考察 2005—2012 年中国股市危机预警，预警系统从 2007 年就发出预警信号，成功预测了 2008 年金融危机，而且预警模型没有出现错误发出信号现象，以及预警信号缺失现象。实证结果表明在单一指标的中国股市预警系统中，投资者情绪在预警能力方面优于其他传统宏观指标，是预测股市危机的显著预测因子。

一、预警指标体系的构建

(一)投资者情绪指标

借鉴 Baker 和 Wurgler(2006)提出的综合投资者情绪指数构建方法,选取证券市场上的多个代理变量,这些变量包括上证基金指数收盘价 FI、新增基金开户数 NF、上证指数收盘价 SI、上证指数成交量 SV 和上海市场 A 股市盈率 PER,然后对上述指标采用主成分分析法构建股票市场综合投资者情绪。与他们的研究相比,本章选择的代理变量略有不同。第一个是剔除了 IPO 数据。原因是中国股市在快速发展过程中,政府规范股市的监管行为,导致 IPO 数据经常缺失,不利于模型的分析。第二个,增加了市盈率指标。Bahhouth 和 Maysami(2011)在对 2008 年金融危机研究当中得出一个结论,市盈率对股票风险有显著的预测能力。Zouaoui et al.(2011)研究结果表明当把投资者情绪加入回归模型之后,市盈率指标就丧失了预期能力,以此同时其他宏观指标可以保持显著性。也就是说市盈率与投资者情绪存在共线性。由于市盈率指标代表投资者对股价未来的预测,当投资者情绪高涨时,投资者往往对股票收益更加乐观,意味着股价存在高估风险。反之亦然。

最后,与第三章选取市场情绪的代理变量不同的是,本章选取的代理变量全部都是当期值。这是因为本章研究的是预测模型,更看重当期指数价格对情绪的影响,进而对未来可能发生的股市危机进行预测。Baker 和 Wurgler(2006)等研究关注投资者情绪与股市收益之间的关系,并不是关注投资者情绪与股市危机之间的关系,因此他们选择的变量当中有一部分是滞后一期代理变量。

本章所使用的相关交易数据均来自 Wind 数据库,时间区间为 2005 年 1 月至 2012 年 6 月,数据频度为月度数据,其中投资者情绪代理变量样本数据的描述性统计如表 9-1 所示。

表 9-1 市场情绪指数各代理变量的描述性统计

变量	观测个数	平均值	中位数	标准差	最大值	最小值
FI	90	3158.769	3714.2	1454	5070.79	740.848

续表

变量	观测个数	平均值	中位数	标准差	最大值	最小值
NF	90	415048.5	208244	740567	5117941	12239
SV	90	173927215	177040000	118692808	480084326	9081092
SI	90	2588.123	2612.541	1066	5954.77	1060.740
PE	90	23.753	19.596	10.791	51.456	11.059

对以上变量使用主成分分析法。主成分分析法得到的第一主成分如下所示：

$$SENT_t = 0.417FI_t + 0.415NF_t + 0.451SV_t + 0.536SI_t + 0.403PE_t \quad (9-1)$$

上式中，五个代理变量经过了标准化处理。第一主成分的贡献度为64.58%，也就是说第一主成分包含了上述五个代理变量64.58%的信息，而且在各个主成分中只有第一个特征值大于1，因此可以采用第一主成分作为投资者情绪。

投资者情绪与上证指数的走势图如图9-1所示，其中实线为投资者情绪指数，设置对应右侧纵轴，虚线为上证指数每月收盘价，数值对应左侧纵轴。

图9-1 投资者情绪与上证指数

从上图可以看出，沪市的整体市场投资者情绪指数与上证指数走势的相关性较强，其中，投资者情绪在2007年8月达到最大值5.959，在2005年5月达到最小值为-2.544，而上证指数最高点出现在2007年10月和最低点出现在 2005 年 6 月，也就是说构建的市场情绪领先于上证指数，能够很好地表征上证指数的价格波动，并且是上证指数的先行指标。

（二）宏观预警指标体系

传统的金融预警模型种类众多，例如 KLR 信号分析法、Probit/Logit 模型、横截面回归（STV）模型、神经网络和支持向量机（SVM）等，（Kaminsky，Lizondo 和 Reinhart，1998；Frankel 和 Rose，1996；Berg 和 Patillo，1999；周新辉，1999；冯芸，吴冲锋，2002）。在传统的金融预警模型当中，常用的预警宏观变量指标有经济增长指标、信贷指标、通货膨胀指标、外汇储备指标、工业生产指标等。为了增加模型的预警能力，在实证研究部分将依据每个指标对股市危机的预警能力进行筛选，剔除预警能力较弱的指标。

二、预警系统

（一）Logit 模型和 KLR 方法

由于 Logit 回归模型可以建议预警指标的预测能力，KLR 信号分析法则可以在预警模型中分析出错概率和确定最优信号阈值，因此，行为预警系统拟采用 Logit 模型与 KLR 信号分析法混合使用的方法来估测未来一年内发生股市危机的可能性。研究思路是首先使用 Logit 模型对未来一段时间内发生股市危机的概率进行估计，然后采用 KLR 信号分析方法设定最佳预警阈值，对预警模型进行样本外测试，再次通过 KLR 方法检验预警信号的精确度。

预警模型第一部分是应用 Logit 模型检验预警指标预测能力，这一部分主要内容分为一元 Logit 回归模型和多元 Logit 回归模型。多元 Logit 回归模型为

$$\Pr(I_t = 1) = f(\alpha_0 + \sum_{k=1}^{n} \alpha_k X_k) \quad (9-2)$$

其中 X_k 是预警指标，α_0 是常数，α_k 是系数，$f(x) = \dfrac{e^x}{1+e^x}$，$I$ 是虚拟变量，代表危机是否发生的状态。当 I 为 1 时，则表示股市危机发生了；当 I 为 0

时，则表示没有股市危机发生。当 $n=1$，公式（2）退化成一元 Logit 模型，可以检查单个变量的预警能力。

首先，对常用的宏观变量进行一元 Logit 回归分析，检验预警指标系数的显著性和系数的符号判断预警指标的基本影响，并核实其影响与理论描述是否相符，挑选回归系数显著的变量，并保存其所估计的未来一年内发生股市危机的概率。另外，在构建投资者情绪指标之后，可使用该模型验证投资者情绪对股市危机的预警能力，并与传统宏观经济指标进行比较，检测投资者情绪指标是否具有更优越的预测能力。

在完成单变量预测能力检测之后，在多元 Logit 回归模型中，考察多个宏观变量整体预测能力，以及在此基础之上加入了投资者情绪之后，考察预警模型的预测能力是否有所提高。如果投资者情绪能够显著提高模型预测能力，说明在预警模型中引入行为因素，是有利于进行预警研究的。

预警系统的第二部分是使用 KLR 信号分析方法①来评估预警模型的四种表现。预警模型的四种表现如表 9-2 所示。

表 9-2　　　　　　　　预警模型的四种表现

	危机在信号区间内发生	危机在信号区间内未发生
发出信号	A	B（错误预警信号）
未发出信号	C（预警信号缺失）	D

如表 9-2 所示，A 表示预警指标预测将会发生危机且信号期间内确实发生了危机的信号个数；B 表示指标预测将会发生，但信号期间内没有发生的信号个数，也就是说发出了错误的预警信号；C 表示指标预测不会发生危机，而信号区间内却发生危机的信号个数，也就是股市预警信号缺失了；D 表指标预测不会发生且信号区间内确实没有发生的信号个数。

由上知，$e = A/(A+C)$ 表示预警指标发出有效信号的概率，$n = B/(B+D)$ 表示发出失效（噪音）信号的概率，$\dfrac{\frac{B}{B+D}}{\frac{A}{A+C}}$ 表示发出失效信息概率

---

① KLR 信号分析法是由 Kaminsky，Lizondo 和 Reinhart 于 1998 年提出，用于研究未来一段时间内将要发生货币危机的可能性。在该方法中，当预警指标超出设定的阈值，发出未来一段时间内将要发生危机的信号。

与发出有效信息概率之比,简称为噪声—信号比率。噪声—信号比率越小,说明预警指标犯错概率越小。KLR 方法的关键在于信号的识别,信号的识别有赖于信号阈值的设定。当预警指标超出设定的阈值(下称危机阈值),模型发出未来一段时间内(下称信号区间)发生危机的信号。因此,定义使噪声—信号比率达到最小值的危机阈值为最优危机阈值。

(二) 股市危机的界定

已有研究把股市危机定义为整体市场指数的一个突发的、急速的跌落。本书依据 Patel 和 Sarkar (1998) 提出的下降指数方法来衡量股价变动程度,并借鉴 Zouaoui 等人 (2011) 的研究方法界定股市危机指标和危机始端指标,从而预警模型可以判定是否发送危机信号。

Patel 和 Sarkar (1998) 定义的下降指标($CMAX$ 指数)是 t 期的指数收盘价与固定时间窗口 T 内的指数最高收盘价的比值。记 t 期市场指数收盘价为 P_t,同期市场指数的下降指标为 $CMAX_t$,则

$$CMAX_t = \frac{P_t}{\max(P_{t-T}, \cdots, P_t)} \quad (9-3)$$

在公式 (9-3) 当中,为了预测股票市场在未来一年内发生危机的可能性,观察的固定时间窗口不宜滞后太多,一般为两年,即在使用月底数据时,T 取值一般为 23 个月(包含当月),一共 24 个月。另外,$CMAX$ 指数取值越接近 1,说明 t 期价格接近前期最高价,价格水平处于前期高位,也就是说该期的市场态势越接近牛市;反之,该指数值越接近 0,说明指数价格下跌的幅度越大,该期的市场态势越接近熊市。

依据 2σ 原则,该指数落在 ($\mu - 2\sigma, \mu + 2\sigma$) 区间中的概率为 0.9544,在此区间是正常股市波动;如果该指数不落在此范围,这是一个小于 5% 的小概率事件,也就是出现了股市危机。依据此原则构建危机指标 C_t,其计算公式如下所示:

$$C_t = \begin{cases} 1, \text{如果 } CMAX_t < \overline{CMAX_t} - 2\sigma_{CMAX_t} \\ 0, \text{其他} \end{cases} \quad (9-4)$$

其中,$\overline{CMAX_t}$ 为下降指标 $CMAX_t$ 的动态平均值。由上述公式可以看出,当 $CMAX_t < \overline{CMAX_t} - 2\sigma_{CMAX_t}$ 时,C_t 等于 1 时,表示 t 期时股市处于危机期当中;其他情况时,C_t 等于 0,则表示 t 期股市波动是正常的,没有股市危

机发生。

由于股市危机一般会持续一段时间,例如 2007—2008 年的金融海啸,1929—1933 年美国大萧条。在预警系统中为了避免把同一个危机识别为多个危机,可以设定危机始端指标,即在危机指标的第一期,将危机始端指标设定为 1,其他时期设定为 0。即危机始端指标定义为:

$$CS_t = \begin{cases} 1, \text{如果} \exists k \in \{1, \cdots, T_{ex}\}, \text{使得 } C_{t-k} = 0 \\ 0, \text{其他} \end{cases} \quad (9-5)$$

其中,T_{ex} 是预测期的区间,与危机持续期相关。假定危机的最大持续期为 1 年,在使用月度数据的情况下,T_{ex} 为 11。

依据危机指标和危机始端指标,预警系统就可以判定当前时刻是否要发出危机信号。当 t 期处于股市危机始端的信号区间内时,I 的取值为 1,发出危机信号;当 t 期处于危机始端后的危机持续期间,此时的数据设定为空值,不发出危机信号;其他情况的预测指标 I 为 0,不发出危机信号。即

$$I_t = \begin{cases} 1, \text{如果} \exists k \in \{1, \cdots, T_{si}\}, \text{使得 } CS_{t+k} = 1 \\ N_A, \text{如果} \exists k \in \{1, \cdots, T_{ex}\}, \text{使得 } CS_{t-k} = 0 \\ 0, \text{其他} \end{cases} \quad (9-6)$$

其中,N_A 为空值,T_{si} 是信号区间,在危机持续期为 1 年以及数据为月度频率情况下,T_{si} 为 11。

三、实证结果

(一) 宏观经济变量的预警能力

本节对传统宏观经济变量进行 Logit 模型分析和 KLR 信号分析,测试宏观变量的预测能力,其中参考 Zouaoui et al.(2011)关于危机阈值水平的设定,设 25% 和 50% 两种阈值水平。实证分析所使用的相关交易数据均来自 Wind 数据库,时间区间为 2005 年 1 月至 2012 年 6 月,数据频度为月度数据。Logit 模型和 KLR 信号分析的结果如表 9-3 所示:

从表 9-3 中的参数估计及其 P 值可以看出,虽然上述 16 个宏观变量在国外研究当中具有显著预警效果,然而其中 11 个指标在我国股市中并不具有显著的预警效果,表明这些变量在统计意义上并不能作为股市危机的

表9-3　　　　　　　　宏观变量的预警能力

变量	Logit 模型			KLR 方法			
	α	P 值	R^2	阀值水平 25%		阀值水平 50%	
				error A	error B	error A	error B
GDP	730.4 ***	0.0002	0.504	0.25	0.076	0.5	0.038
M2	-28.949	0.553	0.0079	—	—	—	—
Credit	-0.002	0.99	0	—	—	—	—
Credit/GDP	-6.686	0.695	0.003	—	—	—	—
CPI	0.887	0.1044	0.054	—	—	—	—
Exchange	0.541	0.229	0.071	—	—	—	—
Interest	0.13	0.9363	0.0001	—	—	—	—
Reserves	0.051	0.7194	0.003	—	—	—	—
FDI	0.119	0.9324	0.0001	—	—	—	—
PPI	0.003	0.966	0	—	—	—	—
FAI	-0.105	0.349	0.005	—	—	—	—
N_FAI	-10.475 ***	0.002	0.299	0.583	0.139	0.75	0.13
PMI	0.766 ***	0.005	0.246	0.667	0.177	1	0.013
JQ_1	0.491 **	0.021	0.124	0.667	0.119	1	0
JQ_2	0.140 ***	0.002	0.281	0.5	0.134	0.833	0.075

注：1. A 类错误：信号区间发生危机而未发出预警信号的比例，即预警信号缺失；

2. B 类错误：信号区间未发生危机而发出预警信号的比例，即错误预警信号；

3. ***、**、* 分别表示显著性水平为 1%、5%、10%；

4. GDP：月度增量环比增长率；M2：月度增长率；Credit：国内信贷总额月度增量环比增长率；Credit/GDP：月度国内信贷增量/GDP 月度增量（季度平均分摊到月）；CPI：居民消费价格指数（月度环比数据）；Exchange：人民币对美元加权平均汇率；Interest：银行间同业拆借利率的加权平均利率；Reserve：外汇储备每月增量环比增长率；PPI：工业生产者价格指数（月度同比数据）；FAI：固定资产投资完成额月度增速；N_FAI：新增固定资产投资累计增速；PMI：制造业采购经理综合指数；JQ_1：先行指数；JQ_2：经济景气指数预警指数。

预警指标。引起这种现象的重要原因是噪音交易的存在和频繁发生，以及非理性的投资行为。如果在更严格的置信度之下（1%），对未来一年内发生股市危机的可能性存在预测作用的宏观经济变量只有 4 个：GDP，N_FAI，PMI 和 JQ_2。

由于宏观经济变量普遍存在相关性，在进行多元回归分析时会存在共线性问题。对这些变量进行相关性分析，结果显示 GDP 与 PMI、GDP 与

JQ_2 的相关性超过 60%，PMI 与 JQ_2 的相关性也达到了 58.7%。为了克服变量共线性，本书选择使用主成分分析法对宏观经济变量进行降维。主成分方法得到的第一主成分 MACRO1 的贡献度为 57.2%，而且只有第一主成分特征值大于 1，因此，第一主成分（称为综合宏观经济变量）能够代表四个宏观指标在多元回归模型中使用。

$$MACRO1_t = Prin1_t = 0.587GDP_t + 0.565PMI_t - 0.141N\_FAI_t + 0.563JQ\_2_t \tag{9-7}$$

（二）投资者情绪的预警能力

采用一元 Logit 模型检验投资者情绪的预警能力，沪市和深市回归结果如表 4 所示。

表 9-4　　　　　　　投资者情绪的预警能力检验

模型参数	α	P Value	R^2	Threshold 25%		Threshold 50%	
				error A	error B	error A	error B
SENT（沪）	1.947***	<0.0001	0.715	0.167	0.06	0.25	0.03
SENT（深）	0.931***	0.004	0.298	0.417	0.149	0.75	0

对比表 9-3 和表 9-4 的结果，可以发现在五个所有的预警变量当中，沪市投资者情绪的 P 值最小（低于 0.0001），而且 R^2 最大（0.715），正确预测股市危机的比例是最高的，阀值 25% 和 50% 对应的正确预测比例分别为 83.3% 和 75%，出错比例（信号缺失和信号错误）也是最小的，在阀值 25% 时，发出错误预警信号和预警信号缺失的比例分别是 0.167 和 0.06，在阀值 50% 时，发出错误预警信号和预警信号缺失的比例分别是 0.25 和 0.03。也就是说投资者情绪比其他任何一个宏观经济变量的预测能力都更加优秀，是预测股市危机的显著预测因子。回归系数的符号是正的，说明投资者情绪高涨时，股市价格随着高涨，甚至出现高估现象，当股价回归价值，出现收益反转。上述结果对行为金融的基本假设之一（情绪与股市收益负相关）提供了实证支撑（Lee，Shleifer 和 Thaler，1991；Schmeling，2009）。

为了考察上述结果的稳健性，本书对深圳股票市场进行相同的检验，构建深市投资者情绪和深市预警因变量，检验投资者情绪对深圳股市危机的预测能力。深市的回归模型结果与沪市结果在整体上是一致的，例如投资者情绪对股市危机的影响是显著的（1%显著性水平），B类错误比较低，表明投资者情绪出对股市危机具有较强的预测能力。虽然相对于上海股市，深市的A类错误有所提高，但是市场情绪与宏观经济变量的出错水平相比，其出错比例略高于GDP变量，比其他三个变量优秀。由此可以看出，投资者情绪无论是对沪市还是深市的股市危机都有显著影响，投资者情绪在我国股票市场上能够对股市危机具有预警作用。

（三）投资者情绪增加的预警能力

在控制宏观变量之后，把投资者情绪指数引入预警模型，考察投资者情绪对预警模型增加的预警能力。许多学者（Kumar和Lee，2006；Baker和Wurgler，2006）强调构建的投资者情绪指标一般包含宏观经济因素和投资者心理因素。为此，需要对投资者情绪指标剔除宏观经济因素。由于投资者情绪与综合宏观经济变量之间的相关系数为0.412，说明二者存在一定程度的相关性。采用回归方程对投资者情绪进行去宏观化，投资者情绪被分为宏观经济部分和情绪部分，即：

$$SENT_t = 0.489 MACRO1_t + \varepsilon_t \tag{9-8}$$

其中，宏观经济部分的系数通过了99%置信水平的检验，说明上述回归结果在统计意义上是显著的。通过去宏观化，提取出一个不包含宏观经济因素的情绪，也就是公式8的残差部分。去宏观化后的情绪，用 $SENT^\perp$ 表示，将它和综合宏观变量引入Logit回归模型和KLR预警，结果如表9-5所示。

表9-5　　　　　基于投资者情绪的预警模型检验效果表

模型	一元回归模型	一元回归模型	多元回归模型
α_0	-3.059***	-5.717***	-8.485**
MACRO1		4.282***	4.734**
$SENT^\perp$	1.534***		1.794**
R^2	0.531	0.671	0.847
HL	0.770	0.923	0.980
Threshold 25%			
Error A	0.25	0	0
Error B	0.075	0.104	0.045
Threshold 50%			

续表

模型	一元回归模型	一元回归模型	多元回归模型
Error A	0.416	0.417	0.083
Error B	0.015	0.0448	0.030

注：HL 代表 Hosmer 和 Lemeshow Goodness – of – Fit 检验。

表 9 – 5 结果显示，将投资者情绪引入预警模型之后，各变量的系数都在 5% 的显著性水平上显著，模型整体的拟合优度（0.847）和 Hosmer and Lemeshow 检验的 P 值（0.980）较传统宏观经济变量预警模型（0.671 和 0.923）有所提高，其中拟合优度提高幅度较大，上升了 17.6%，说明投资者情绪能够有效提升预警模型的有效性。更重要的是，增加了投资者情绪因子之后，预警模型的预测准确性得到较大提高。例如在 25% 阀值情况下，B 类错误从 10.4% 下降到 4.5%，在 50% 阀值情况下，A 类错误从 41.7% 大幅度下降到 8.3%，说明增加了投资者情绪因子之后，模型的预测准确性从 58.3% 提高到了 91.7%。

（四）预警图示

从股市指数出发计算出股市下降指标以及危机指标，结合危机始端指标，形成危机的预测指标 I。对 2005 年 1 月至 2012 年 6 月的上证指数收盘价构建的下降指标、危机阈值与相应时期的上证指数如图 9 – 2 所示。

从图 9 – 2 可以看出，预警模型在 2007 年 1 月至 2007 年 12 月就发出了预警信号（预警因变量取值为 1），判定的危机区间是 2008 年 1 月—2008 年 10 月。在这个危机时间段内，上证指数从 4383.39 点跌至 1728.79 点，而 2008 年金融危机当中上证指数最低点在 1664.93，最低点仅仅相差 64 点。也就是，危机区间的判定与 2008 年金融危机基本符合。在其他区间，预警模型没有出现错误发出信号现象，以及预警信号缺失现象。

（五）样本外测试

为了测试模型是否能够对样本之外的数据进行预测，本节把数据进行如下划分①：2005 年 1 月至 2009 年 12 月数据为分析样品（49 期），2010

---

① 样本外测试的首要工作是将数据分成分析样品和保留样品两部分，前者用于方程的拟合分析和参数设定，后者则用于样本外测试。

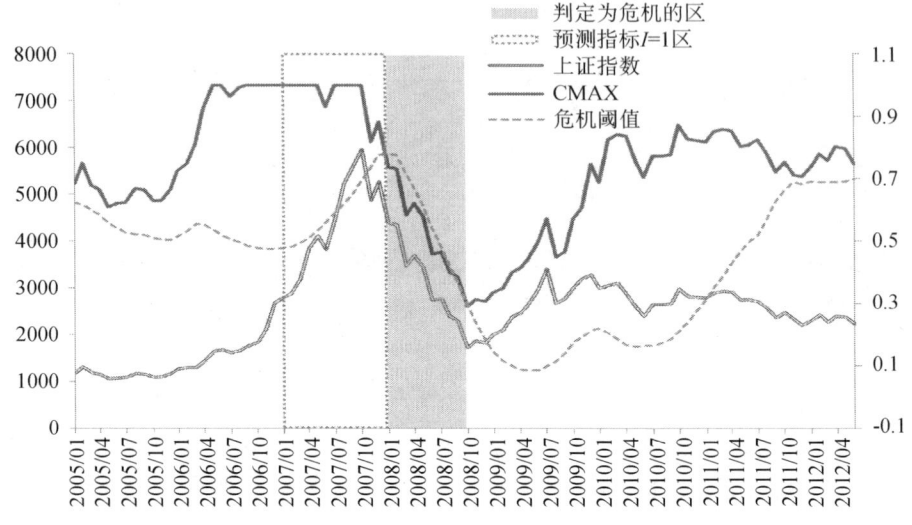

图 9-2　上证指数、下降指标 CMAX、危机阈值与危机相关区域

注：图中黑色实线为上证指数收盘价，对应左侧纵轴；灰色实线为上证指数的 CMAX，黑色虚线为危机阈值，均对应右侧纵轴；灰色阴影区域为 CMAX 小于危机阈值的区间；黑色虚线框区域是预警因变量 I 发出预警信号的区间。

年 1 月至 2012 年 6 月为保留样品（30 期）。对分析样品进行回归分析，结果如表 9-6 所示。

表 9-6　　　　　　　　　分析样本的回归结果

分析样本	α_0	MACRO1	$SENT^\perp$		
模型	-6.303*	4.123**	1.577*		
P-Value	0.052	0.047	0.064		
R^2	0.854	Hosmer and Lemeshow Goodness-of-Fit Test (DF=8)			
		X^2	1.295	P-Value	0.996

从表 9-6 可以看出，MACRO1 和 $SENT^\perp$ 通过 5% 和 10% 的显著性水平检验，且其系数符号均为正，符合预期。从回归模型整体来看，模型拟合优度高达 0.854，同时 Hosmer and Lemeshow 拟合优度检验的 P 值较大，超过了临界值水平，表明所使用的宏观和情绪变量均适用于该模型回归。依据上述回归参数和 Logit 模型，对 2010 年 1 月至 2012 年 6 月可能出现股市危机的概率进行预测（样本外检验），并与整体样本估计值进行对比，对比结果如图 9-3 所示。

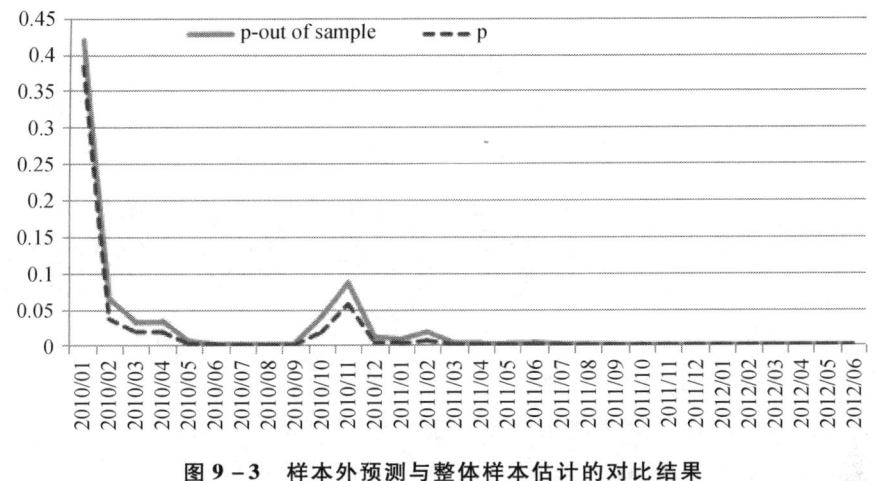

图9-3 样本外预测与整体样本估计的对比结果

由图9-3可以看出，对于2010年至2012年上半年的股市平静期的危机概率预测与完整样本内的估计值基本相符。表明通过一个完整危机周期的相关数据"训练"后，使得预警模型对后市的样本外预测基本相符，样本外测试稳定。

四、本章小结

基于行为金融学的视角，本书对预警系统和投资者情绪的相关文献进行了细致的分析，设计了基于投资者情绪的股市危机预警系统的各个组成部分，包括系统机制、预警模型、预警因变量，预警指标体系和预警系统评价方法等，并通过实证分析检验了设计的可行性和预警系统的准确性。研究结果表明无论是基于投资者情绪的单变量Logit回归模型还是多元Logit回归模型，投资者情绪指数的引入都提高模型的预警能力。在2005—2012年，预警模型对该时期危机区间的判定与实际发生的金融危机基本符合，而且不同市场稳健性测试和样本外测试都是稳定的。论文研究成果丰富了股市危机行为预警研究领域。

当然，在预警系统的扩展还有其他的方面，如预警指标体系在指标品种、危机持续时间设定和数据频度等方面的开发，新的预警模型的研发以及预警模型的评价体系的设定都是今后可以改进的方面。

结 论

传统金融理论认为理性的投资者可以通过套利活动消除非理性投资者的影响，从而投资者情绪对股票收益不产生任何影响。然而股市泡沫的崩溃、高波动率之谜和封闭式基金之谜等诸多异象，难以用传统金融理论加以解释，而投资者情绪无疑是其导火索，甚至起到决定性的作用。目前行为金融的丰富研究成果从理论和实证两个方面都支持了投资者情绪与资产价格之间存在联动性的观点。

作为一个新兴的资本市场，中国股市存在市场制度不完善，投资理念不成熟和投机成分较高等问题。因此，对中国股市的投资者情绪与股票收益间关系的研究，有助于更加深入地了解情绪对于股票价格的影响机制，对投资决策以及监管都有重要的借鉴意义。本书的结论主要包括如下两个方面：

一、资产定价理论

基于投资者情绪，本书分别建立了静态、动态和连续的资产定价模型。在静态模型当中推导了债券和股票的投资组合的最优投资需求函数，并结合均衡条件得到了静态资产定价公式。静态定价公式表明均衡价格可以分解成理性部分和情绪部分，从而投资者情绪对资产价格有重要的影响。在模型中情绪部分具有财富加权的结构，也就是投资者的财富可以放大情绪冲击。静态模型对资产搬家，价格泡沫和价格的高波动性给出了一部分解释。

由于动态模型可以刻画资产价格的变化，并考虑时变情绪，因此把基于投资者情绪的静态资产定价模型推广到动态模型。假设投资者对股利增长率存在一个乐观或者悲观的看法，在基于消费的资产定价模型中推导出了包含情绪变量的欧拉方程,并得到均衡价格公式。动态模型表明在均衡时,股票价格是所有情绪投资者的认知价格的财富比例加权平均值。投资者情绪不但影响单个情绪投资者的认知价格,而且在多个交易者情况下影响投资者下期的财富比例。另外,时变投资者情绪导致了多样的价格变化形式。最后,模型说明了由于投资者情绪导致财富波动,才导致了收益长期反转现象,即模型对收益长期反转之谜给出了一部分解释。

为了研究情绪投资者的长期生存性以及探讨时变情绪的影响,本书利用随机权重方法,把动态资产定价模型推广到连续资产定价模型。其资产定价公式显示投资者情绪是影响均衡价格的重要因素,而且时变投资者情绪导致了多样的价格变化形式。数值模拟结果显示100年后情绪投资者可以在资本市场中长期存在,特别是投资者情绪接近于理性的和风险厌恶系数较高的投资者,其未来资产缩水并不明显,从而对非理性投资者的长期生存性异象给出了一部分解释。情绪投资者的长期生存性说明了投资者情绪对资产价格存在长期的影响。

二、实证研究

根据B-W方法,分别构建了不同频率的市场情绪指标和个股情绪,并考察了这两种情绪与股票收益的联动性。首先,从投资者角度出发,个人投资者更加看重情绪对个股收益的影响,因此在实证当中把重点放在情绪的个体效应方面。例如,运用面板数据模型,从个体效应两个方面考察市场情绪与股票收益,以及个股情绪与股票收益之间的关系。实证结果表明,市场情绪和个股情绪的个体效应都是统计上显著的,但是市场情绪的影响力较小,而个股情绪的影响较大。

已有的实证研究只针对单一频率的投资者情绪进行研究,或者关注两个频率的回归结论是否稳健,然而不同频率的投资者情绪其影响力是不同的。通过对不同频率的投资者情绪与股票收益进行回归分析,并比较不同频率市场情绪和个股情绪的影响力,本书发现短期市场情绪的影响力大于长期市场情绪的影响,也就是市场情绪对股票收益的影响,存在一个单调下降的期限结构。个股情绪对股票收益的影响,同样存在一个单调下降的期限结构。

最后,由于传统研究普遍采用同频的计量方法,存在着人为构造的嫌疑和人为减少了样本信息的困境,而混频数据抽样模型可以避免上述困境,为投资者情绪与股票收益之间的研究提供了新的思路。本书采用混频数据抽样模型研究不同频率的市场情绪和个股情绪对低频股票收益的影响。实证结果表明,混频市场情绪对股票收益的影响超过同频市场情绪。对于个股收益而言,对较高频率的市场情绪数据进行混频处理,得到的混频市场情绪可以超越市场溢价因子。同样的,对于个股收益而言,混频数据抽样模型的结果显示混频个股情绪对股票收益的影响超越了市场溢价因子。

三、本书的局限与进一步研究方向

在神经医学实验、心理学实验和行为金融学对投资者情绪的理论及应用研究基础上,本书在实证研究方面从个体效应和混频情绪两个角度补充了投资者情绪与股票收益之间的联动性研究,在不同经济环境下构建了基于投资者情绪的消费资本资产定价模型,论证了投资者情绪对资产价格的影响。然而,本书作为一项探索性研究尚存在许多改进方向,有待未来进行深入研究:

1. 在模型中,采用了连续的情绪影响函数讨论情绪对资产价格的影响,但在实际当中投资者的主观看法具有突变性和非对称性。因此在未来研究当中可以考虑分段函数,使其具有非对称和间断的特性。

2. 在本书的模型中,投资者虽然被情绪所左右,但是依然能够熟练的进行计算,进行最优决策。这种假定还是没有完全脱离完全理性的框架。未来一个发展方向是基于有限理性,建立基于投资者情绪的资产定价模型。

3. 实证方面,数据采用的都是低频数据,最高频率也只是日数据。在以后的研究当中,可在高频环境下研究投资者情绪与股票收益的关系。

4. 在实证研究中,虽然对个股情绪与不同规模的股票的联动性进行了初步研究,但是横截面股票还有众多类别。未来一个研究方向是构建组合情绪,针对不同截面的股票组合进行横截面效应研究。另外,依据混频数据抽样模型,构建混频组合情绪,研究混频组合情绪对股票收益的影响。

参考文献

[1] Abreu D, Brunnermeier M. Synchronization risk and delayed arbitrage [J]. Journal of Financial Economics, 2002, 66: 341 – 360.

[2] Alter A, Oppenheimer D. Predicting short – term stock fluctuations by using processing fluency [C]. Proceedings of the National Academy of Sciences of the United States of America, 2006, 103 (24): 9369 – 9372.

[3] Andersson P, Rakow T. Now you see it now you don't: the effectiveness of the recognition heuristic for selecting stocks [J]. Judgment and Decision Making, 2007, 2 (1): 29 – 39.

[4] Arkes H, Herren L, Isen A. The role of potential loss in the influence of affect on risk taking behavior. Organizational Behavior [J]. Human Decision Processes, 1988, 42 (2): 181 – 193.

[5] Aspara J, Henrikki T. Interactions of Individuals' Company – Related Attitudes and Their Buying of Companies' Stocks and Products [J]. Journal of Behavioral Finance, 2008, 9 (2): 85 – 94.

[6] Aspara J, Henrikki T. The Role of Company Affect in Stock Investments: Towards Blind, Undemanding, Noncomparative and Committed Love [J]. Journal of Behavioral Finance, 2010, 11 (2): 103 – 113.

[7] Bae K, Wang W. What's in a "China" name? A test of investor sentiment hypothesis [R]. Financial Management, 2012, 41.

[8] Bahhouth V, Maysami R. A cross sectional study of financial measures in predicting stocks' riskiness during year 2008 crash period [J]. Academy of Accounting & Financial Studies Journal, 2011: 103 – 109.

[9] Bailey W, Kumar A, David Ng. Behavioral biases of mutual fund investors [J]. Journal of Financial Economics, 2011, 102 (1): 1 – 27.

[10] Baker M, Stein J. Market liquidity as a sentiment indicator [J]. Journal of Financial Markets, 2004, 7 (3): 271-299.

[11] Baker M, Wurgler J, Yuan Y. Global, local and contagious investor sentiment. Journal of Financial Economics, 2012, 104: 272-287.

[12] Baker M, Wurgler J. Investor sentiment in the stock market [J]. Journal of Economic Perspective, 2007, 21 (2): 129-151.

[13] Baker M, Wurgler J. Investor sentiment, the cross-section of stock returns [J]. Journal of Finance, 2006, 61 (4): 1645-1680.

[14] Baker M, Wurgler J. Comovement and predictability relationships between bonds and the cross-section of stocks [J]. Review of Asset Pricing Studies, 2012, 2 (1): 57-87.

[15] Banz R. The relationship between return and market value of common stocks [J]. Journal of Financial Economics, 1981, 9: 3-15.

[16] Barber B, Odean T. Trading is hazardous to your wealth: the common stock performance of individual investors [J]. Journal of Finance, 2000, 55: 773-806.

[17] Barberis N, Huang M, Santos T. Prospect theory, asset prices [J]. The Quarterly Journal of Economics, 2001, 116 (1): 1-53.

[18] Barberis N, Shleifer A, Vishny R. A model of investor sentiment [J]. Journal of Financial Economics, 1998, 49 (3): 307-343.

[19] Barberis N, Shleifer A, Wurgler J. Comovement. Journal of Financial Economics [J], 2005, 75 (2): 283-317.

[20] Barberis N, Thaler R. A survey of behavioral finance [M]. In G. Constantinides, M. Harris, and R. Stulz (editors) Handbook of the Economics of Finance North-Holland, Amsterdam, 2003.

[21] Basak S. A model of dynamic equilibrium asset pricing withextraneous risk. Journal of Economic Dynamics and Control, 2000, 24: 63-95.

[22] Basu S. The relationship between earnings yield, market value and return for NYSE common stocks: Further evidence [J]. Journal of Financial Economics, 1983, 12: 129-156.

[23] Baur, Michael N, Socorro Quintero, and Eric Stevens, 1998, The 1986-1988 Stock Market: Investor sentiment or fundamentals? Managerial and

Decision Economics 17, 319 -329.

[24] Beauregard M, Levesque J, Bourgouin P. Neural correlates of conscious self – regulation of emotion [J]. Journal of Neuroscience, 2001, 21 (18): 1 -6.

[25] Benartzi S, Thaler R. Risk Aversion or Myopia? Choices in Repeated Gambles and Retirement Investments [J]. Management Science, 1999, 45: 364 -381.

[26] Benos E, Jochec M. Patriotic Name Bias and Stock Returns [R]. Working paper, University of Illinois at Urbana – Champaign, 2009.

[27] Berg A, Pattillo C. Predicting currency crises: The indicators approach and an alternative [J]. Journal of International Money and Finance, 1999, 18 (4): 561 -586.

[28] Bernoulli D. Exposition of a new theory on the measurement of risk [J]. Econometrica, 1954, 22: 23 -36.

[29] Bhushan R, Brown D, Mello A. Do noise traders "create their own space?" [J]. Journal of Financial, Quantitative Analysis, 1997, 32 (1): 25 -45.

[30] Black F, Scholes M. The pricing of options, corporate liabilities [J]. Journal of Political Economy, 1973, 81 (3): 637 -654.

[31] Black F. Capital market equilibrium with restricted borrowing [J]. Journal of business, 1972, 45 (3): 444 -455.

[32] Black F. Noise [J]. Journal of Finance, 1986, 41: 529 -543.

[33] Black, Fischer. An equilibrium Model of the Crash [J]. NBER Macroeconomics Annual, 1988, 3, 269 -275.

[34] Blume M, Crockett J, Friend I. Stock Ownership in the United States: Characteristics and Trends [J]. Survey of Current Business, 1974, 54: 16 -40.

[35] Borges B, Goldstein D, Ortmann A, Gigerenzer G. Can ignorance beat the stock market? In simple heuristics that make us smart [M]. New York: Oxford University Press, 1999.

[36] Bower G. Mood and memory [J]. American Psychologist, 1981, 36 (2): 129 -148.

[37] Bower G. Mood congruity of social judgment [J]. Emotion and Social Judgment, Oxford, Pergamon Press, 1991: 31-54.

[38] Breeden D T. An intertemporal asset pricing model with stochastic consumption, investment opportunities [J]. Journal of Financial Economics, 1979, 7: 265-296.

[39] Breiter H, Aharon I, Kahneman D, Dale A, Shizgal P. Functional imaging of neural responses to expectancy and experience of monetary gains, losses [J]. Neuron, 2001, 30: 619-639.

[40] Brennan M, Chordia T, Subrahmanyam A. Alternative factor specifications, security characteristics, the cross-section of expected stock returns [J]. Journal of Financial Economics, 1998, 49 (3): 345-373.

[41] Brennan M, Subrahmanyam A. Market microstructure, asset pricing: on the compensation for illiquidity in stock returns [J]. Journal of Financial Economics, 1996, 41 (3): 441-464.

[42] Brown G, Cliff M. Investor sentiment and the near-term stock market [J]. Journal of Empirical Finance, 2004, 11 (1): 1-27.

[43] Brown G, Cliff M. Investor sentiment, asset valuation [J]. Journal of Business, 2005, 78 (2): 405-440.

[44] Brown G. Volatility, Sentiment, Noise Traders [J]. Financial Analysts Journal, 1999, 55 (2): 82-90.

[45] Burghardt M, Czink M, Riordan R. Retail Investor Sentiment and the Stock Market [R]. SSRN, 2008.

[46] Burrell O. Possibility of an experimental approach to investment studies [J]. Journal of Finance, 1951, 6 (2): 211-219.

[47] Bussiere M, Fratzscher M. 2006, Towards a new Early Warning System of Financial Crises. Journal of International Money and Finance, 25 (6), pp: 953-973.

[48] Campbell J, Kyle A S. Smart money, noise trading, stock price behavior [J]. Review of Economic Studies, 1993, 60: 1-34.

[49] Campbell J, Viceira L. Consumption and portfolio decisions when expected returns are time varying [J]. Quart. J. Econom, 1999, 114: 433-495.

[50] Campbell J. Consumption – based asset pricing. G. Constantinides, M. Harris, R. Stulz, eds. Handbook of the Economics of Finance, Chap. 13. North – Holland, Amsterdam, 2003, 803 – 887.

[51] Campbell J. Intertemporal Asset Pricing without Consumption Data [J]. American Economic Review, 1993, 83 (3): 487 – 512.

[52] Carhart M. On persistence in mutual fund performance [J]. Journal of Finance, 1997, 52: 57 – 82.

[53] Chen N, Kan R, Miller M. Are the discounts on closed – end funds a sentiment index? [J]. Journal of Finance, 1993, 48 (2): 795 – 800.

[54] Clements M P, Galvão A B. Macroeconomic forecasting with mixed – frequency data: Forecasting output growth in the United States [J]. Journal of Business and Economic Statistics, 2008, 26 (4): 546 – 554.

[55] Conlisk J. Why Bounded Rationality? [J]. Journal of Economic Literature, 1996, 34 (2): 669 – 700.

[56] Cooper M, Dimitrov O, Rau P. A Rose. com by any other name [J]. Journal of Finance, 2001, 56 (6): 2371 – 2388.

[57] Cooper M, Gulen H, Rau P. Changing names with style: mutual fund name changes and their effects on fund flows [J]. Journal of Finance, 2005, 60 (6): 2825 – 2858.

[58] Cooper M, Khorana A, Osobov I, Patel A, Rau P. Managerial actions in response to a market downturn: valuation effects of name changes in the dot. com decline [J]. Journal of Corporate Finance, 2005, 11 (1 – 2): 319 – 335.

[59] Cornelli F, Goldreich D, Ljungqvist A. Investor sentiment, pre – IPO markets [J]. Journal of Finance, 2006, 61 (3): 1187 – 1216.

[60] Cox J, Huang C f. Optimal consumption and portfolio policies when asset prices follow a diffusion process [J]. J. Econom. Theory, 1989, 49 (1): 33 – 83.

[61] Cox J, Ingersoll J, Ross S. An Intertemporal General Equilibrium Model of Asset Prices [J]. Econometrica, 1985, 53 (2): 363 – 384.

[62] D'Avolio G. The market for borrowing stock [J]. Journal of Financial Economics, 2002, 66: 271 – 306.

[63] Damasio A. Descartes' error: emotion, reason, the human brain [M]. New York: Avon, 1994.

[64] Daniel K, Hirshleifer D, Subrahmanyam A. Investor psychology, security market under, overreactions [J]. Journal of Finance, 1998, 53 (6): 1839 – 1885.

[65] De Bondt W, Thaler R. Does the stock market overreact? [J]. Journal of Finance, 1985, 40 (3): 793 – 808.

[66] De Bondt W. Betting on Trends: Intuitive Forecasts of Financial Risk and Return [J]. International Journal of Forecasting, 1993, 9: 335 – 371.

[67] De Long J, Shleifer A, Summers L, Waldmann R. Noise trader risk in financial markets [J]. Journal of Political Economy, 1990a, 98 (4): 703 – 738.

[68] De Long J, Shleifer A, Summers L, Waldmann R. Positive feedback investment strategies and destabilizing rational speculation [J]. Journal of Finance, 1990b, 45: 379 – 395.

[69] De Long J, Shleifer A, Summers L, Waldmann R. The Survival of Noise Traders in Financial Markets [J]. Journal of Business, 1991, 64 (1): 1 – 19.

[70] De Long, J. B., and A. Shleifer. The stock market bubble of 1929: Evidence from closed – end mutual funds [J]. Journal of Economic History, 1991, 51, 675 – 700.

[71] Dow J, Gorton G. Arbitrage chains [J]. Journal of Finance, 1994, 49 (3): 819 – 849.

[72] Dow J, Gorton G. Stock Market Efficiency, Economic Efficiency: Is There a Connection? [J]. Journal of Finance, American Finance Association, 1997, 52 (3): 1087 – 1129.

[73] Duffie D, Epstein L G. Asset pricing with stochastic differential utility [J]. Review of Financial Economics, 1992, 5 (3): 411 – 436.

[74] Edwards W. Conservatism in human information processing [J]. New York: Wiley, 1968.

[75] Engelberg J., C Sasseville, J. Williams. Market Madness – The Case of Mad Money. SSRN870498. 2009.

[76] Fama E, French K. Common risk factors in the returns of bonds, stocks [J]. Journal of Financial Economics, 1993, 33: 3-56.

[77] Fama E, French K. Multifactor explanations of asset pricing anomalies [J]. Journal of Finance, 1996, 51: 55-84.

[78] Fama E, French K. Value Versus Growth: The International Evidence [J]. Journal of Finance, 1998, 53: 1975-1999.

[79] Fama E. Efficient capital markets: A review of theory, empirical work [J]. Journal of Finance, 1970, 25 (2): 383-417.

[80] Fama E. The behavior of stock market prices [J]. Journal of Business, 1965, 38 (1): 34-105.

[81] Fama, E. F., & French, K. R. (2015). A five-factor asset pricing model. Journal of Financial Economics, 116 (1), 1-22.

[82] Forgas J P. Mood and judgment: the affect infusion model (AIM) [J]. Psychological Bulletin, 1995, 1: 39-66.

[83] Frankel J A, Rose A K. Currency crashes in emerging markets: An empirical treatment [J]. Journal of international Economics, 1996, 41 (3): 351-366.

[84] Frazzini A, Lamont O. Dumb money: mutual fund flows, the cross-section of stock returns [J]. Journal of Financial Economics, 2008, 88 (2): 299-322.

[85] Friedman M. The case for flexible exchange rates [M]. Essays in Positive Economics, University of Chicago Press, Chicago, 1953.

[86] Froot K, Dabora E. How are stock prices affected by the location of trade? [J]. Journal of Financial Economics, 1999, (53): 189-216.

[87] Gabaix X. A Sparsity-Based Model of Bounded Rationality [J]. Social Science Electronic Publishing, 2011, 129 (4).

[88] Gabaix X. Boundedly Rational Dynamic Programming: Some Preliminary Results [J]. Social Science Electronic Publishing, 2012.

[89] Gabaix X. Boundedly Rational Dynamic Programming [J]. Cepr Discussion Papers, 2012.

[90] Ganzach Y. Judging Risk, Retum of Financial Assets [J]. Organizational Beliavinr, Human Decision Processes, 2000, 83 (2): 353-370.

[91] Gennaioli N, Shleifer A. WHAT COMES TO MIND [J]. Quarterly Journal of Economics, 2010, 125 (4): 1399-1433.

[92] Ghysels E, Santa-Clara P, Valkanov R. The MIDAS touch: Mixed data sampling regressions. Mimeo, Chapel Hill, N. C., 2004.

[93] Ghysels E, Valkanov R. Linear time series processes with mixed data sampling and MIDAS regressions models. Mimeo, Chapel Hill, N. C., 2006.

[94] Gromb D, Vayanos D. Equilibrium and Welfare in Markets with Financially Constrained Arbitrageurs [J]. Journal of Financial Economics, 2002, (62): 997-1039.

[95] Grossman S, Miller M. Liquidity and market structure [J]. Journal of Finance, 1988, 43: 617-633.

[96] Grossman S, Stiglitz J. On the impossibility of informationally efficient markets [J]. American Economic Review, 1980, 70: 393-408.

[97] Gruber M. Another Puzzle: The Growth in Actively Managed Mutual Funds [J]. Journal of Finance, 1996, 52: 783-810.

[98] Hengelbrock J, Theissen E, Westheide C. Market response to investor sentiment [R]. CFS Working Paper No. 2011/02.

[99] Holmstrem B, Tirole J. LAPM: A liquidity-based asset pricing model [J]. Journal of Finance, 2001, 56 (5): 1837-1867.

[100] Hong H, Kacperczyk M. The price of sin: the effects of social norms on markets [J]. Journal of Financial Economics, 2009, 93 (1): 15-36.

[101] Hong H, Scheinkman J, Xiong W. Asset Float and Speculative Bubbles [J]. Journal of Finance, 2006, 61 (3): 1073-1117.

[102] Hong H, Stein J. A unified theory of underreaction, momentum trading, overreaction in asset markets [J]. Journal of Finance, 1999, 54 (6): 2143-2184.

[103] Hsee C K. Less Is Better: When Low-Value Options Are Judged More Highly Than High-Value Options [J]. Journal of Behavioral Decision Making, 1998, 11 (2): 107-121.

[104] Hsu M, Bhatt M, Adolphs R. Neural system responding to degrees of uncertainty in human decision making [J]. Science, 2005, 310: 1680-1683.

[105] Isen A, Shalker T, Clark M, Karp L. Affect, accessibility of materialin memory, and behavior: a cognitive loop? [J]. Journal of Personality and Social Psychology, 1978, 36 (1): 1 – 12.

[106] Jegadeesh N, Titman S. Returns to buying winners and selling losers: Implications for market efficiency [J]. Journal of Finance, 1993, 48: 65 – 91.

[107] Kahneman D, Tversky A. Judgment under uncertainty: heuristics and biases [J]. Science, 1974, 185: 1124 – 1131.

[108] Kahneman D, Tversky A. Prospect Theory: an analysis of decision under risk [J]. Econometrica, 1979, 47: 263 – 291.

[109] Kahneman D. Attention and effort [J]. Prentice – Hall (Englewood Cliffs, N. J), 1973.

[110] Kahneman D. Nobel Lecture: Maps of Bounded Rationality [J]. Nobel Prize in Economics Documents, 2002, 93 (2002 – 4).

[111] Kaminsky G, Lizondo S, Reinhart C M. Leading indicators of currency crises [J]. Staff Papers – International Monetary Fund, 1998: 1 – 48.

[112] Karatzas I, Lehoczky J, Shreve S. Optimal portfolio and consumption decisions for a "small investor" on a finite horizon [J]. SIAM Journal on control and optimization, 1987, 25: 1157 – 1186.

[113] Kaufmann G, Vosburg S. Paradoxical mood effects on creative problem – solving [J]. Cognition & Emotion, 1997, 11 (2): 151 – 170.

[114] Keynes J. The general theory of employment, interest and money [M]. Macmillan Cambridge University Press, 1936.

[115] Kling G, Gao L. Chinese institutional investors´ sentiment [J]. Journal of International Financial Markets, Institutions, Money, 2008, 18 (4): 374 – 387.

[116] Kogan L, Stephen A R, Wang J, Mark M. Westerfield. The Price Impact and Survival of Irrational Traders [J]. Journal of finance, 2006, 61 (1): 195 – 229.

[117] Kumar A, Lee C. Retail investor sentiment, return comovements [J]. Journal of Finance, 2006, 61 (5): 2451 – 2486.

[118] Kurov A. Investor sentiment, the stock market's reaction to monetary

policy [J]. Journal of Banking and Finance, 2010, 34 (1): 139 – 149.

[119] Kyle A, Wang F. Speculation duopoly with agreement to disagree: Can overconfidence survive the market test? [J]. Journal of Finance, 1997, 52: 2073 – 2090.

[120] Kyle A. Continuous auctions, insider trading [J]. Econometrica, 1985, 53: 1315 – 1336.

[121] Lamont O, Stein J. Aggregate short interest and market valuations [J]. American Economic Review Papers and Proceedings, 2004, 94: 29 – 32.

[122] Lamont O, Thaler R. Can the Market Add and Subtract? Mispricing in Tech – Stock Carve – Outs [J]. Journal of Political Economy, 2003, 111: 227 – 268.

[123] Lawrence E R, McCabe G, Prakash A J. Answering Financial Anomalies: sentiment – Based Stock Pricing [J]. The Journal of Behavioral Finance, 2007, 8 (3), 161 – 171.

[124] Lee C, Shleifer A, Thaler R. Investor sentiment, the closed – end fund puzzle [J]. Journal of Finance, 1991, 46 (1): 75 – 109.

[125] Lee P. What's in a Name. com? The Effects of '. com' Name Changes on Stock Prices and Trading Activity [J]. Strategic Management Journal, 2001, 22: 793 – 804.

[126] Lee W, Jiang C, Indro D. Stock market volatility, excess returns, and the role of investor sentiment [J]. Journal of Banking and Finance, 2002, 26 (12): 2277 – 2299.

[127] Liang S X. The Market Sentiment Premium: A Sentimental Consumption Approach [R]. Hong Kong University of Science and Technology Working Paper, 2011.

[128] Liang, H., Yang, C., & Cai, C. (2017). Beauty contest, bounded rationality, and sentiment pricing dynamics. Economic Modelling, 60, 71 – 80.

[129] Liao T, Huang C, Wu C. Do fund managers herd to counter investor sentiment [J]. Journal of Business Research, 2011, 64 (2): 207 – 212.

[130] Lintner, J. The Valuation of Risk Assets, the Selection of Risky Investments in Stock Portfolios, Capital Budgets [J]. Review of Economics, Sta-

tistics, 1965, 47 (1): 13 – 37.

[131] Loewenstein G, Weber E, Hsee C, Welch N. Risk as feelings [J]. Psychological Bulletin, 2001, 2: 267 – 286.

[132] Loewenstein G. Emotions in economic theory, economic behavior [J]. American Economic Review, 2000, 90: 426 – 432.

[133] Lucas R, Stokey N. Money, interest in a cash – in – advance economy [J]. Econometrica, 1987, 55 (3): 491 – 513.

[134] Lucas R. Asset prices in an exchange economy [J]. Econometrica, 1978, 46: 1429 – 1446.

[135] Marcellino M, Schumacher C. Factor MIDAS for Nowcasting and Forecasting with Ragged – Edge Data: A Model Comparison for German GDP [J]. Oxford Bulletin of Economics and Statistics, 2010, 72: 518 – 550.

[136] Markowitz M. Portfolio selection [J]. Journal of Finance, 1952, 7 (1): 77 – 91.

[137] Marschak J. Money and the Theory of Assets [J]. Econometrica, 1938, 6: 311 – 325.

[138] McCabe K, Houser D, Ryan L, Smith V, Trouard T. A functional imaging study of cooperation in two – person reciprocal exchange [J]. Proceedings of the National Academy of the Sciences, 2001, 98: 11832 – 11835.

[139] Mcclure S M, Laibson D I, Loewenstein G, Cohen J D. Separate Neural Systems Value Immediate and Delayed Monetary Rewards [J]. Science, 2004, 306 (5695): 503 – 507.

[140] Mehra R, Edward C. The Equity Premium: A Puzzle [J]. Journal of Monetary Economics, 1985, 15: 145 – 161.

[141] Mehra R, Sah R. Mood fluctuations, projection bias, volatility of equity prices [J]. Journal of Economic Dynamics, Control, 2002, 26: 869 – 887.

[142] Mendel B, Shleifer A. Chasing noise [J]. Journal of Financial Economics, 2011, 104: 303 – 320.

[143] Merton R. An intertemporal capital asset pricing model [J]. Econometrica, 1973, 41: 867 – 887.

[144] Merton R. On estimating the expected return on the market: An ex-

ploratory investigation [J]. Journal of Financial Economics, 1980, 8 (4): 323-362.

[145] Miller, G. The Magical Number Seven plus or minus Two: some Limits on our Capacity for Processing Information [J]. Psychological Review, 1956, (63).

[146] Modigliani F, Miller M. The cost of capital, corporation finance, and the theory of investment [J]. American Economic Review, 1958, 48: 261-297.

[147] Mossin J. Equilibrium in a Capital Asset Market [J]. Econometrica, 1966, 35: 768-783.

[148] Neal R, Wheatley S. Do measures of investor sentiment predict returns? [J]. Journal of Financial and Quantitative Analysis, 1998, 33 (4): 523-547.

[149] Neumann J V, Morgenstern O. Theory of Games and Economic Behavior [M]. Princeton: Princeton University Press, 1944.

[150] Odean T. Are Investors Reluctant to Realize Their Losses? [J]. Journal of Finance, 1998, 53: 1775-1798.

[151] Odean T. Do Investors Trade Too Much? [J]. American Economic Review, 1999, 89: 1279-1298.

[152] Palomino F. Noise trading in small markets [J]. Journal of Finance, 1996, 51: 1537-1550.

[153] Patel S A, Sarkar A. 1998, Crisis in Developed and Emerging Stock Markets. Financial Analysis Journal, 54 (6), pp: 50-61.

[154] Pontiff J. Costly arbitrage: Evidence from closed-end funds [J]. Quarterly Journal of Economics, 1996, 111: 1135-1152.

[155] Roll R. A Critique of the Asset Pricing Theory's Tests [J]. Journal of Financial Economics, 1977, 4: 129-176.

[156] Ross S. The arbitrage theory of capital asset pricing [J]. Journal of Economic Theory, 1976, 13 (3): 341-360.

[157] Rossignol M, PhiliPPot P, Douilliez C. The Perception of fearful, happy facial expression is modulated by anxiety: an event-related Potential study [J]. Neuroscience Letters, 2005, 377 (2): 115-12.

[158] Rusch B D, Abercrombie H C, Terrence R, et al. Hippocampal morphometry in depressed patients, control subjects: Relations to anxiety symptoms [J]. Society of Biological Psychiatry, 2001, 50: 960 – 964.

[159] Schmeling M. Institutional and Individual Sentiment: Smart Money and Noise Trader Risk? [J]. International Journal of Forecasting, 2007, 23 (1): 127 – 145.

[160] Schmeling M. Investor Sentiment and Stock Returns: Some International Evidence [J]. Journal of Empirical Finance, 2009, 16 (3): 394 – 408.

[161] Schwarz N, Bless H. Happy and mindless, but sad and smart? The impact of affective states on analytic reasoning [M]. Emotion and social judgments, Pergamon, 1991: 55 – 71.

[162] Scott, K. Bounded Rationality and Social Norms: Concluding Comment [J]. Journal of Institutional and Theoretical Economics, 1994, (150).

[163] Seo M, Barret L. Being emotional during decision making: good or bad? An empirical investigation [J]. Academy of Management Journal, 2007, 50 (4): 923 – 940.

[164] Sharpe W. Capital Asset Prices: A Theory of Market Equilibrium under Conditions of Risk [J]. Journal of Finance, 1964, 19 (3): 425 – 442.

[165] Shefrin H, Statman M. Behavioral capital asset pricing theory [J]. Journal of Financial, Quantitative Analysis, 1994, 29 (3): 323 – 349.

[166] Shefrin H, Statman M. Behavioral portfolio theory [J]. Journal of Financial, Quantitative Analysis, 2000, 35 (2): 127 – 151.

[167] Shefrin H. Beyond Greed and Fear: Understanding Behavioral Finance and the Psychology of Investing [M]. Oxford University Press, 2002.

[168] Shefrin H. Do investors expect higher returns from safer stocks than from riskier stocks [J]. Journal of Psychology, Financial Markets, 2001, 4: 176 – 181.

[169] Shefrin, H. M. and R. H. Thaler (1988). The behavioral life – cycle hypothesis. Economic Inquiry, Vol. 26 (4), 609 – 643.

[170] Shiller R. Do stock prices move too much to be justified by subse-

quent changes in dividends? [J]. American Economic Review, 1981, 71: 421 -436.

[171] Shiller R. Measuring Bubble Expectations, Investor Confidence [J]. Journal of Psychology, Financial Markets, 2000, 1 (1): 49 -60.

[172] Shiller R. Stock prices and social dynamics [J]. Brookings Papers on Economic Activity, 1984, (2): 457 -498.

[173] Shiller, Robert J. Irrational Exuberance [M]. Broadway Books, 2000.

[174] Shleifer A, Vishny R. The limits of arbitrage [J]. Journal of Finance, 1997, 52: 35 -55.

[175] Shleifer A. Inefficient Markets: An Introduction to Behavioral Finance [M]. Oxford University Press, 2000.

[176] Shu H C. Investor mood and financial markets [J]. Journal of Economic Behavior & Organization, 2010, 76: 267 -282.

[177] Siegel, Jeremy J. Equity risk premia, corporate profit forecasts, and investor sentiment around the stock crash of October 1987 [J]. Journal of Business, 1992, 65, 557 -570.

[178] Simon H A. Effects of Increased Productivity upon the Ratio of Urban to Rural Population [J]. Econometrica, 1947, 15 (1): 31 -42.

[179] Simon H. A Behavioral Model of Rational Choice [J]. The Quarterly Journal of Economics, 1955, 69 (1): 99 -118.

[180] Slovic P. Psychological study of human judgment: implications for investment decision making [J]. Journal of Finance, 1972, 27 (4): 779 -799.

[181] Stambaugh R F, Yu J, Yuan Y. The long of it: Odds that investor sentiment spuriously predicts anomaly returns [J]. Journal of Financial Economics, 2014, 114 (3): 613 -619.

[182] Stambaugh R, Yu J, Yuan Y. The Short of It: Investor Sentiment and Anomalies [J]. Journal of Financial Economics, 2012, 104 (2): 288 -302.

[183] Stambaugh, R. F., Yu, J., & Yuan, Y. Arbitrage asymmetry and the idiosyncratic volatility puzzle. The Journal of Finance, 2015, 70 (5), 1903 -1948.

[184] Stambaugh, Robert F, and Y. Yu. Mispricing Factors. Miami Behavioral Finance Conference 2015.

[185] Statman M, Fisher K L, Anginer D. Affect in a behavioral asset – pricing model [J]. Financial Analysts Journal, 2008, 64 (2): 20 – 29.

[186] Statman M, Glushkov D. The wages of social responsibility [J]. Financial Analysts Journal, 2009, 65 (4): 33 – 46.

[187] Sutton S K, Davidson R J, Donzella B, Irwin W, Dottl D A. Manipulating affective state using extended picture presentation [J]. Psychophysiology, 1997, 34: 217 – 226.

[188] Trueman B. A theory of noise trading in securities markets [J]. Journal of Finance, 1988, 43 (1): 83 – 95.

[189] Tversky A, Kahneman D. Judgment under uncertainty: Heuristics and biases [J]. Science, 1974, 185: 1124 – 1130.

[190] Verma R, Verma P. Noise trading, stock market volatility [J]. Journal of Multinational Financial Management, 2007, 17 (3): 231 – 243.

[191] White, Eugene N. The Stock Market Boom and Crash of 1929 Revisited [J]. Journal of Economic Perspectives. 1990, 4, 67 – 83.

[192] Wright W, Bower G. Mood effects on subjective probability assessment [J]. Organizational Behavior and Human Decision Processes, 1992, 52 (2): 276 – 291.

[193] Wurgler J, Zhuravskaya K. Does arbitrage flatten demand curves for stocks? [J]. Journal of Business, 2002, 75: 583 – 608.

[194] Xiaohui Gao, Jianfeng Yu, Yu Yuan. Investor Sentiment and Idiosyncratic Risk Puzzle [J]. Ssrn Electronic Journal, 2010.

[195] Yan H. Is Noise Trading Cancelled Out by Aggregation? [J]. Management Science, 2010, 57 (7): 1047 – 1059.

[196] Yan H. Natural selection in financial markets: Does it work? [J]. Management Science, 2008, 54 (11): 1935 – 1950.

[197] Yang C, Xie J, Yan W. Sentiment capital asset pricing model [J]. International Journal of Digital Content Technology and its Applications, 2012, 6 (3): 254 – 261.

[198] Yang C, Yan W. Does high sentiment cause negative excess return?

[J]. International Journal of Digital Content Technology and Its Applications, 2011, 5 (12): 211 – 217.

[199] Yang C, Zhang R. Sentiment asset pricing model with consumption. Economic Modelling, 2013, 30: 462 – 467.

[200] Yu J, Yuan Y. Investor sentiment and the mean – variance relation [J]. Journal of Financial Economics, 2011, 100 (2): 367 – 381.

[201] Zouaoui M., Nouyrigat G., Beer F. How does investor sentiment affect stock market crises? Evidence from panel data [J]. Financial Review, 2011, 46 (4): 723 – 747.

[202] Zweig M E. An investor expectations stock price predictive model using closed – end fund premiums, Journal of Finance 1973, 28: 67 – 87.

[203] 陈其安, 赖琴云, 陈亮, 张媛. 基于噪音交易者的风险资产定价模型及其应用 [J]. 系统工程理论与实践, 2010, 30 (3): 385 – 395.

[204] 池丽旭, 庄新田. 我国投资者情绪对股票收益影响——基于面板数据的研究 [J]. 管理评论, 2011, 23 (6): 41 – 48.

[205] 董梁, 李心丹, 茅宁. 基于中国投资者行为偏差的 DHS 模型修正 [J]. 复旦学报（社会科学版）, 2004, 5, 69 – 76.

[206] 董孝伍, 张信东. 投资者极端情绪的均值 – 方差效应分析 [J]. 管理评论, 2017, 29 (6): 43 – 52.

[207] 冯芸, 吴冲锋. 货币危机早期预警系统 [J]. 系统工程理论方法应用, 2002, 11 (1): 8 – 11.

[208] 高斌. 基于情绪的股指期货定价研究 [D]. 华南理工大学, 2015.

[209] 高大良, 刘志峰, 杨晓光. 投资者情绪、平均相关性与股市收益 [J]. 中国管理科学, 2015, 23 (02): 10 – 20.

[210] 胡昌生, 彭桢, 池阳春. 反馈交易、交易诱导与资产价格行为 [J]. 经济研究, 2017 (5).

[211] 黄宏斌, 翟淑萍, 陈静楠. 企业生命周期、融资方式与融资约束——基于投资者情绪调节效应的研究 [J]. 金融研究, 2016 (07): 96 – 112.

[212] 贾春新, 赵宇, 孙萌, 汪博. 投资者有限关注与限售股解禁 [J]. 金融研究, 2010 (11): 108 – 122.

[213] 蒋玉梅, 王明照. 投资者情绪与股票横截面收益的实证研究 [J]. 经济管理, 2009, 31 (10): 134-140.

[214] 蒋玉梅, 王明照. 投资者情绪与股指收益率: 总体效益和横截面效应的实证研究 [J]. 南开管理评论, 2010, (3): 150-160.

[215] 蒋致远, 吕海英, 朱名军. 投资者情绪与股市预报危机 [J]. 投资研究, 2013 (3): 139-153.

[216] 孔东民. 有限套利与盈余公告后价格漂移 [J]. 中国管理科学, 2008, (6): 16-23.

[217] 李广子, 唐国正, 刘力. 股票名称与股票价格非理性联动——中国 A 股市场的研究 [J]. 管理世界, 2011, (1): 40-50.

[218] 李昊洋, 程小可, 郑立东. 投资者情绪对股价崩盘风险的影响研究 [J]. 软科学, 2017, 31 (7): 98-102.

[219] 李进芳. 带信息的情绪资产定价研究 [D]. 华南理工大学, 2014.

[220] 林树, 俞乔. 有限理性、动物精神及市场崩溃: 对情绪波动与交易行为的实验研究 [J]. 经济研究, 2010 (8): 115-127.

[221] 刘汉, 刘金全. 中国宏观经济总量的实时预报与短期预测——基于混频数据预测模型的实证研究 [J]. 经济研究, 2011, (3): 4-17.

[222] 刘金全, 刘汉, 印重. 中国宏观经济混频数据模型应用——基于 MIDAS 模型的实证研究 [J]. 经济科学, 2010, (5): 23-34.

[223] 刘力, 田雅静. 没有信息, 也有反应: 中国 A 股市场股票名称变更事件的市场反应研究 [J]. 世界经济, 2004, 1: 44-50.

[224] 刘玉珍, 张峥, 徐信忠, 张金华. 基金投资者的框架效应 [J]. 管理世界, 2010, 2: 25-37.

[225] 陆静, 周媛. 投资者情绪对股价的影响——基于 AH 股交叉上市股票的实证分析 [J]. 中国管理科学, 2015, 23 (11): 21-28.

[226] 彭叠峰. 基于投资者关注的资产定价研究 [D]. 中南大学, 2011.

[227] 权小锋, 吴世农. 投资者关注、盈余公告效应与管理层公告择机 [J]. 金融研究, 2010 (11): 90-107.

[228] 饶育蕾, 彭叠峰, 成大超. 媒体注意力会引起股票的异常收益吗?——来自中国股票市场的经验证据 [J]. 系统工程理论与实践,

2010, 30 (02): 287-297.

[229] 史金艳. 有限理性下最优投资决策与资产定价问题研究 [D]. 东北大学, 2006.

[230] 舒建平, 谭燕芝. 有限理性的微观机理评述 [J]. 经济评论, 2007 (2): 77-80.

[231] 宋军, 吴冲锋. 基于有限理性和传染机制的金融资产定价模型 [J]. 预测, 2001, (04).

[232] 汪昌云, 武佳薇. 媒体语气、投资者情绪与 IPO 定价 [J]. 金融研究, 2015 (09): 174-189.

[233] 王美今, 孙建军. 中国股市收益、收益波动与投资者情绪 [J]. 经济研究, 2004, 10, 75-83.

[234] 文凤华, 杨鑫, 龚旭, 等. 金融危机背景下中美投资者情绪的传染性分析 [J]. 系统工程理论与实践, 2015, 35 (3): 623-629.

[235] 伍燕然, 韩立岩. 不完全理性、投资者情绪与封闭式基金之谜 [J]. 经济研究, 2007, 42 (3): 117-129.

[236] 谢军, 杨春鹏, 闫伟. 高频环境下股指期货市场情绪冲击效应研究 [J]. 系统工程, 2012, 30 (9): 27-36.

[237] 谢军. 情绪投资组合研究 [M]. 华南理工大学, 2012.

[238] 熊虎, 孟卫东, 周孝华. 基于 BSV 模型及其扩展的 IPO 价格形成机制 [J]. 管理工程学报, 2007, 21 (4): 46-51.

[239] 徐信忠, 郑纯毅. 中国股票市场动量效应成因分析 [J]. 经济科学, 2006, 1: 85-99.

[240] 许年行, 洪涛, 吴世农, 徐信忠. 信息传递模式、投资者心理偏差与股价"同涨同跌"现象 [J]. 经济研究, 2011, 4: 135-146.

[241] 许年行, 江轩宇, 伊志宏, 徐信忠. 分析师利益冲突、乐观偏差与股价崩盘风险 [J]. 经济研究, 2012, 7: 127-140.

[242] 闫伟. 基于投资者情绪的行为资产定价研究 [M]. 华南理工大学, 2012.

[243] 杨春鹏, 闫伟. 单向与双向情绪下风险资产的认知价格及其投资策略 [J]. 管理科学, 2012, 25 (3): 78-90.

[244] 杨春鹏. 非理性金融 [M]. 科学出版社, 2008.

[245] 易志高, 茅宁. 中国股市投资者情绪测量研究: CICSI 的构建

[J]. 金融研究, 2009, 11: 174-184.

[246] 游家兴. 沉默的螺旋: 媒体情绪与资产误定价 [J]. 经济研究, 2012 (9): 13.

[247] 于李胜, 王艳艳. 信息竞争性披露、投资者注意力与信息传播效率 [J]. 金融研究, 2010 (08): 112-135.

[248] 张乐, 李好好. 我国证券市场中的噪声交易研究——基于一个"机构噪声交易者-散户噪声交易者模型"的分析 [J]. 中国管理科学, 2008, 16 (S1): 340-345.

[249] 张强, 杨淑娥, 杨红. 中国股市投资者情绪与股票收益的实证研究 [J]. 系统工程, 2007, 25 (7): 13-17.

[250] 张强, 杨淑娥. 噪音交易、投资者情绪波动与股票收益 [J]. 系统工程理论与实践, 2009, 29 (3): 40-47.

[251] 张永杰, 张维, 金曦. 理性、有限理性、噪音与资产价格 [J]. 系统工程理论与实践, 2009, 29 (12): 111-117.

[252] 张峥, 徐信忠. 行为金融学研究综述 [J]. 管理世界, 2006, 9: 155-167.

[253] 张宗新, 王海亮. 投资者情绪、主观信念调整与市场波动 [J]. 金融研究, 2013 (04): 142-155.

[254] 赵静梅, 吴风云. 数字崇拜下的金融资产价格异象 [J]. 经济研究, 2009, 6: 129-141.

[255] 周丽云. 投资者情绪、投资者拥挤交易行为与资产定价研究 [D]. 华南理工大学, 2017.

[256] 周新辉. 金融危机预警系统研究 [J]. 金融研究, 1999 (2): 64-69.

附录1：静态模型中欧拉方程的推导

设投资于股票和债券的投资组合的组合价格为 P，组合收益为 r_p，组合红利为 D_P，购买的数量为 ξ，则

$r_p = r_{t+1}\theta + r_f(1-\theta)$

$c_1 = W_1 + D\xi$

$c_0 = W_0 - P\xi$

依据最优化目标的一阶条件有

$Pu'(c_0) = E(\beta u'(c_1)D_P)$

对上式进行简单的计算，得到定价公式

$P = E\left(\beta \dfrac{u'(c_1)}{u'(c_0)} D_P\right)$

把定价公式转化成收益形式，即欧拉方程为：

$1 = E\left(\beta \dfrac{u'(c_1)}{u'(c_0)} r_P\right) = E\left(\beta \dfrac{c_0}{c_1} r_P\right)$

附录2：最优风险资产需求函数的推导

最优需求函数的证明：
第一步，对数线性化欧拉方程，得到

$$0 = \log\beta - E\Delta c_1 + Er_p^s + \frac{1}{2}\mathrm{var}(\Delta c_1 - r_p) \tag{2-1}$$

同样的，对数线性化风险资产和无风险资产，并把得到的两个式子相减，得到

$$E(r_s) - r_f + \frac{1}{2}\sigma^2 = \mathrm{cov}(r_s, \Delta c_1) \tag{2-2}$$

第二步，依据Campbell（1993）的结论，对数线性化预算约束，得到

$$\Delta w_1 \approx r_p + (1 - \frac{1}{\rho})(c_0 - w_0) + k \tag{2-3}$$

其中 $k = \log(\rho) + (1-\rho)\log(1-\rho)/\rho$，$\rho = 1 - \exp\{E(c_0 - w_0)\}$。

把同样的方法推广到资产收益，则：

$$r_p^s = \theta(r_s - r_f) + r_f + \frac{1}{2}\theta(1-\theta)\sigma^2 \tag{2-4}$$

综合以上式子（2-3）和（2-4），得到

$$\Delta w_1 \approx \theta(r_s - r_f) + r_f + \frac{1}{2}\theta(1-\theta)\sigma^2 + (1 - \frac{1}{\rho})(c_0 - w_0) + k \tag{2-5}$$

利用恒等式（$\Delta c = (c_1 - w_1) - (c_0 - w_0) + \Delta w_1$），从而 $\mathrm{cov}(r_s, \Delta c_1)$ 可以变形为

$$\mathrm{cov}(r_s, \Delta c_1) = \mathrm{cov}(r_s, (c_1 - w_1) - (c_0 - w_0) + \Delta w_1) = \theta\sigma^2 \tag{2-6}$$

在上面的推导中本书使用到下面两个结果：$\mathrm{cov}(r, c_0 - w_0) = 0$ 和 $\mathrm{cov}(r, c_1 - w_1) = 0$（Campbell 和 Viceira，1999）。把上式（2-6）代入公式（2-2），得到

$$\theta = \frac{E(r_s) - r_f}{\sigma^2} + \frac{1}{2} = \frac{E(r) + f(SI) - r_f}{\sigma^2} + \frac{1}{2}$$

附录3：包含两类投资者的定价公式的推导

当市场上存在理性投资者和情绪投资者时，均衡条件为

$$\theta_s W_s + \theta_r W_r = P_0^* \cdot 1 \tag{3-1}$$

又 $W_s = W(1-w)$，$W_r = Ww$，代入上式（3-1），有

$$\theta_s W(1-w) + \theta_r W w = P_0^* \cdot 1 \tag{3-2}$$

把最优风险资产需求函数代入上式（3-2），有

$$\theta w + \theta_s(1-w) = w \frac{E(r) - r_f}{\sigma^2} + (1-w)\frac{E(r) + f(SI) - r_f}{\sigma^2} + \frac{1}{2} = \frac{P_0^*}{W}$$

整理得：

$$\bar{v} - \ln P_0^* = E(r) = r_f + \left(\frac{P_0^*}{W} - \frac{1}{2}\right)\sigma^2 - (1-w)f(SI) \tag{3-3}$$

又 $r_s = \ln \frac{D}{P_0^*} + f(SI)$，取期望，并代入式（3-3）得

$$(1-w)(\bar{v} + f(SI) - \ln P_0^*) = E(r^s) = r_f + \left(\frac{P_0^*}{W} - \frac{1}{2}\right)\sigma^2 + wE(r)$$

附录4：代表性情绪投资者的定价公式的推导

第一步，对数线性化欧拉方程，得到

$$0 = \log\beta - E\ln(C_t/C_{t-1}) + Er_t^s + 0.5\mathrm{var}(\Delta c_t - r_t) \tag{4-1}$$

定义 $\Delta c_t = \ln(C_t/C_{t-1})$，则

$$E\Delta c_t = \mu_c \tag{4-2}$$

在 $t=2$ 时，红利 D_2 满足 $\ln(D_2) = \ln(D_1) + g_1^D(SI)$，并且红利增长率满足 $Eg_1^D(SI) = \mu_D + f(SI)$，则

$$Er_2^s = \ln(D_2/P_1) = \ln(D_1) + \mu_D + f(SI) - \ln(P_1) \tag{4-3}$$

注意到

$$\mathrm{var}(\Delta c_t - r_t^s) = \sigma_c^2 + \sigma_D^2 \tag{4-4}$$

综合上述方程，则1期均衡价格为

$$P_1 = D_1 \times k \times e^{f(SI)}$$

其中 $k = \beta e^{\mu_D - \mu_c + 0.5(\sigma_D^2 + \sigma_c^2)}$。

通过类似的证明过程，0期价格为

$$P_0 = D_0(k \times e^{f(SI)} + k^2 \times e^{2f(SI)})$$

附录5：动态定价公式的推导：理性投资者和情绪投资者

一致性条件（投资者不得不在市场上达成一致的成交价格）意味着

$$\frac{M_t^r}{M_t^s} = \frac{n^s(\ln D_t)}{n^r(\ln D_t)} \tag{5-1}$$

其中 n 是正态分布概率密度函数。

应用标准拉格朗日方法去解决最优化问题，投资者的最优消费为

$$C_0^i = \frac{1}{1+\beta+\beta^2} W_0^i \tag{5-2}$$

$$C_1^i = \frac{\beta}{M_1^i} \frac{W_0^i}{1+\beta+\beta^2} \tag{5-3}$$

$$C_2^i = \frac{\beta^2}{M_2^i} \frac{W_0^i}{1+\beta+\beta^2} \tag{5-4}$$

式子（5-2）表明在 0 期消费与财富成正比，并且与其投资者情绪无关。结果，在 0 期投资者的消费比例是和其财富比例一样。通过类似的讨论，在 1 期和 2 期这个观点同样成立。因此对于 $t=0,1,2$，有

$$\frac{C_t^s}{C_t^r} = \frac{W_t^s}{W_0^r} \tag{5-5}$$

式子（5-3）表明

$$\frac{C_1^s}{C_1^r} = \frac{M_1^r}{M_1^s} \tag{5-6}$$

定义

$$\lambda_s = \frac{C_t^s}{C_t^r} \tag{5-7}$$

即当 $i=s$，$\lambda_s = \frac{C_t^s}{C_t^r}$，当 $i=r$，$\lambda_r = \frac{C_t^r}{C_t^r} = 1$。

附录5：动态定价公式的推导：理性投资者和情绪投资者

把（5-5）代入财富比例的公式，有

$$\omega_1^s = \frac{W_1^s}{W_1^s + W_1^r} = \frac{C_1^s/C_1^r}{C_1^s/C_1^r + C_1^r/C_1^r} = \frac{\lambda_s}{\lambda_s + \lambda_r} \tag{5-8}$$

$$\omega_1^r = 1 - \omega_1^s = \frac{\lambda_r}{\lambda_s + \lambda_r} \tag{5-9}$$

假设投资者对红利的漂移率有主观认知，则情绪投资者（s）的主观预期为

$$\mu_D^s = \mu_D + f(SI) \tag{5-10}$$

依据公式（5-7），（5-6），（5-1），以及正态分布概率密度函数，可得

$$\ln \lambda_s = \ln C_1^s / C_1^r = \ln \frac{n^s(\ln D_1)}{n^r(\ln D_1)}$$

$$= \frac{\mu_D^s - \mu_D}{\sigma_D^2}(\ln \frac{D_1}{D_0} - \mu_D) - \frac{(\mu_D^s - \mu_D)^2}{2\sigma_D^2}$$

$$= \frac{f(SI)}{\sigma_D^2}(\ln \frac{D_1}{D_0} - \mu_D) - \frac{f(SI)^2}{2\sigma_D^2}$$

假设投资者总共持有的股票数量为 ξ_t。当消费市场和资本市场都均衡时，有

$$C_t = C_t^r + C_t^s, \quad C_t = W_t - P_t\xi_t$$

即

$$W_t - P_t\xi_t = W_t^r - P_t^r\xi_t^r + W_t^s - P_t^s\xi_t^s$$

又 $W_t = W_t^r + W_t^s$，则

$$P_t\xi_t = P_t^r\xi_t^r + P_t^s\xi_t^s$$

又 $w_t^r = \frac{\xi_t^r}{\xi_t}$，$w_t^s = \frac{\xi_t^s}{\xi_t}$，则

$$P_t = w_t^r P_t^r + w_t^s P_t^s$$

附录6：连续模型定价公式的证明

假定经济当中有两类投资者 1 和 2。投资者 1 有正确的信念，而投资者 2 具有主观的投资者情绪（$SI \neq 0$）。其他参数都相同，即每个投资者在初始时的财富都相同，$\rho_1 = \rho_2 = \rho$，$\gamma_1 = \gamma_2 = \gamma$，而且 γ 是整数。

Basak（2000）提出在具有异质信念的经济当中，均衡可以方便地从构建一个具有随机权重过程的代表性投资者得到，其中随机权重过程描述了投资者信念的差别。两类投资者可以产生了一个代表性投资者，依据公式（7-8），其效用函数为

$$U(D_t) = \max_{\sum_{i=1}^{2} C_t^i = C_t} e^{-\rho t} \left(u(C_t^1) + \lambda_t u(C_t^2) \right)$$

由均衡条件 $\sum_{i=1}^{N} C_t^i = D_t$，得到

$$U'(D_t) = \frac{dU(D_t)}{dD_t} = e^{-\rho t} \left(\frac{du(C_t^1)}{dD_t} + \lambda_t \frac{du(D_t - C_t^1)}{dD_t} \right)$$

其中 $\lambda_t = \left(\frac{C_t^2}{C_t^1} \right)^{\gamma}$，把 λ_t 代入上式，则上式变为

$$U'(D_t) = e^{-\rho t} (C_t^1)^{-\gamma}$$

又 $C_t^1 = \dfrac{D_t}{1 + \lambda_t^{1/\gamma}}$，以及 $(1 + \lambda_t^{1/\gamma})^{\gamma} = \sum_{k=0}^{\gamma} \binom{\gamma}{k} \lambda_t^{k/\gamma}$，则公式（7-9）变为

$$P_t = \frac{D_t^{\gamma}}{(1 + \lambda_t^{1/\gamma})^{\gamma}} E_t \int_t^{\infty} e^{-\rho(s-t)} \sum_{k=0}^{\gamma} \binom{\gamma}{k} \lambda_s^{k/\gamma} D_s^{1-\gamma} ds$$

$$= \frac{D_t}{(1 + \lambda_t^{1/\gamma})^{\gamma}} \sum_{k=0}^{\gamma} \binom{\gamma}{k} \int_t^{\infty} e^{-\rho(s-t)} E_t \left[\lambda_s^{k/\gamma} \left(\frac{D_s}{D_t} \right)^{1-\gamma} \right] ds$$

注意到 $\lambda_s^{k/\gamma} \left(\dfrac{D_s}{D_t} \right)^{1-\gamma}$ 是对数正态分布，因此，经过简单计算，上式变为

附录 6：连续模型定价公式的证明

$$P_t = \frac{\sum_{k=0}^{\gamma} \binom{\gamma}{k} a_k \lambda_t^{k/\gamma}}{(1+\lambda_t^{1/\gamma})^{\gamma}} D_t$$

其中 $d\lambda_t = \lambda_t \dfrac{f(SI)}{\sigma_t} dZ_t$，$\lambda_0$ 是下面二项式方程的解：

$$\sum_{k=0}^{\gamma-1} \binom{\gamma-1}{k} a_k \lambda_0^{k/\gamma} = \frac{1}{2} \sum_{k=0}^{\gamma} \binom{\gamma}{k} a_k \lambda_0^{k/\gamma}$$

常数 a_k 满足

$$a_k = \left[\rho + \frac{1}{2} \frac{k}{\gamma} \left(1 - \frac{k}{\gamma}\right) \left(\frac{f(SI)}{\sigma_D}\right)^2 + (\gamma-1) \cdot \left(\mu_D - \frac{1}{2}(\gamma-1)\sigma_D^2 + \frac{k}{\gamma} f(SI)\right) \right]^{-1}$$

致　　谢

　　本书由深圳职业技术学院学术著作出版基金资助出版，在此感谢深圳职业技术学院、深职院科研处刘冬处长、王睿芳老师、郑艳老师的大力支持。

　　本书的撰写工作是在华南理工大学杨春鹏教授指导之下完成，在此感谢杨春鹏教授的谆谆教诲，以及华南理工大学谢军、闫伟、李进芳、高斌、冼学深和周丽云等同学的热心帮助，其中冼学深同学负责本书预警模型实证结果的撰写和整理，周丽云提供了近年来投资者情绪发展最新进展资料。